社会学をはじめる

複雑さを生きる技法

宮内泰介 Miyauchi Taisuke

★――ちくまプリマー新書
460

目次 ＊ Contents

イラスト●松本藍

まえがき

この本は、社会はこうなっているよ、という啓蒙《けいもう》の本ではありません。むしろ、社会は「わからない」ものだ、というところから出発しようという本です。

そのわからなさの中で、私たちはどう生きていけばよいのか、簡単な解き方などない複雑さの中で私たちはどういう道を歩めばよいのか、それをこの本では考えようとします。そして、そこにこそ社会学という学問の出番があります。

社会学とは、人びとにとって大事だと思われることについて、しっかりしたデータにもとづいて、考え、また表現するいとなみです。

考えたいと思っている何らかの問題、とりわけ「○○問題」という形では明確に論じられていないような問題、答えが簡単に見いだせないような問題について、地に足をつけ、試行錯誤しながら、「どうすればよいのか」を考えようとする。それが今日の社会学です。

しかし、「しっかりしたデータにもとづいて、考え、また表現する」のが社会学だ、と言ったときの「しっかりしたデータ」とはどういうものでしょうか。「客観的なデータ」とはどう違うのでしょうか。それにもとづいて「考える」とは、何をどうすることでしょうか。ただ漠然と考えるのとも違う、定型的な「分析」をするのとも違う、社会学の「考える」技法とはどういうものでしょうか。さらには、そこからわかったことを「表現する」とはいったいどういうことでしょうか。

この本では、そうしたことを一つひとつ順を追って考えていきながら、「わからない」ものとしての社会の中で考える技法、大事なことを見つける技法、そして、「どうすればよいか」をみんなで考える技法を、披露していきたいと思います。

では、まずは、社会の「わからなさ」の話から始めてみましょう。

第1章

世界は意味に満ちあふれている——やっかいな問題としての社会

社会は二重に複雑

社会というのは複雑なんだ。どういう小さな単位の社会でも複雑なんだ。そこからこの本は話を始めたいと思います。注目するのは、その複雑さが二重性をもっている、二つの複雑さが重なり合っている、ということです。

社会の複雑さの一つ目は、いろいろな制度やしくみが入り組んでいるとか、グローバルな問題とローカルな問題がからまりあっているとか、あるいは、人びとの価値観が多様だとかいった複雑さです。これは、直観的にもわかりやすい複雑さでしょう。

何か私たちの身近にあるものを取り上げてみて、そこから考えてみましょう。たとえば牛乳はどうでしょう。

牛乳という私たちの身近に存在しているものの背景には、実に多くのものがからみあっています。まず、牛乳を私たちに届けてくれる酪農家たちがいますが、その酪農業はかつてと大きく様変わりしています。酪農家の戸数は減少し、一戸あたりの牛の数は大規模化しています。大規模化のために大きな負債をかかえている酪農家も少なくありません。その一方で、あえて大規模化せずに酪農を続ける農家もいます。

酪農家の多くは、輸入した飼料を使用していますが、その値段は国際情勢の中で高騰することがあります。世界経済と酪農業はダイレクトに結びついているのです。さらに酪農家と農協、そして乳業メーカーとの間にも、複雑な関係があります。また、牛乳には、幾多の政策や法律も関係しています。さまざまな補助金が存在すると同時に、政策によって生産調整させられることもあります。

さらに、牛たちの糞尿《ふんにょう》が悪臭や水質汚濁をもたらすという問題もあります。一方で、その糞尿を肥料やエネルギーとして利用しようという動きもあります。しかしそこにはさまざまな課題もあります。

また、流通システムや私たちの消費行動が、牛乳という存在に大きくからんでいます。牛乳パックのリサイクルの問題（製紙業や廃棄物システム）やエネルギー消費の問題（牛乳の製造から保存、流通には大きなエネルギーが必要です）も重要です。

さらに牛乳の消費行動には、食文化とか、家族のあり方とか、そんなこともからんでいるでしょう。そもそも牛乳を飲む文化も乳製品を食べる文化もなかった日本で、なぜこんなに牛乳や乳製品が定着したのでしょうか。

私たちに身近な牛乳一つ取り上げても、複雑なしくみ、複雑な問題がからんでいることがわかります。

多くの人が直観的に理解するように、このような複雑さは昔より今のほうが、その度合いが増大していると見ることができるでしょう。小さな共同体で生きていた人類が、巨大なグローバル社会を生みだすに至り、どんどん複雑化していった姿が現代世界です。八〇億の人びとが、お互いにまったく無関係とは言えない、何らかの形でつながっているのですから、複雑でないわけがありません。そのつながり方も、お金を介するつながり方、モノを介するつながり方、制度や情報を介するつながり方などが複層的に重なり合っています。

社会は意味から成り立っている

このような複雑さがどちらかというと外形的な、時代とともにふくらんできた複雑さだとすれば、もう一つの複雑さは、小さな共同体で生きていたときも、今も、もしかしたらあまり変わらないかもしれない複雑さです。それは何かというと、人びとがそれぞれもっている「意味」の世界（意味世界）が一つでない、人びとが見ている世界が一つでない、という複雑さです。意味が多重に折り重なっているという複雑さです。

社会は「意味」で構成されています。意味のかたまりが社会であり、意味のダイナミズムが社会です。物理的なモノや物理的な人間が存在するだけでは「社会」にはなりません。物理的なモノや、モノとモノの関係について、言語を媒介に何らかの「意味」でとらえる人間という存在がいて、その意味や言語を媒介にお互いに関係をもちあうようなしくみ、それが社会です。

たとえば、こんなことを考えてみましょう。

あなたが、声が聞こえないくらいの距離、たとえば二〇メートルほどのところで、十人くらいの人がまとまって立っているのを見かけたとします。まだその段階では、その十人が「集団」なのかどうかもわかりません。あなたはどこに注目するでしょうか。その人たちの身長に注目するでしょうか。高い人と低い人が入りまじっているなあ、と考えるでしょうか。しかし、それはまだ「社会」に注目しているとは言えません。ただ

「高さ」という物理的なものに注目しているにすぎません。

しかし、その人たちがどうやらお互いに何か関係しながら動いている、たとえば、お互いに向き合っているようだとか、話しているふうだとか、喧嘩《けんか》しているふうだとか、そういうことに注目したら、それは「意味」に注目した、つまりは、「社会」に注目したということです。「お互いに向き合っている」というのは、物理的な体の方向に注目しているのではなく、両者の「関係」という「意味」に注目しているわけです。この「関係」はもちろん、何センチメートル空けて向かい合っているとかいった物理的な関係ではなく、人間としての関係、たとえば、仲がよいのか悪いのかとか、上司と部下なのかとか、どういうことを話す仲なのかとかいったたぐいの関係です。

そしてもうひとつ大事なことは、あなたが注目している「意味」が、観察しているあなたが勝手に作り出そうとしている「意味」ではなく、彼ら自身が認識している「意味」だということです。仲がよいのか悪いのかとか、上司と部下なのかといったことは、本人たち自身が認識していることであり、その本人たちの認識そのものをあなたは観察からわかろうとしているのです。

もちろん、あなたが注目した「意味」のなかには、「本人たちが認識していない意味」もあるでしょう。たとえば、彼らのズボンが全員ジーンズだった場合には、彼ら自身ははっきりと意識していないけれど、彼らの生活習慣が似通っているとか、そういうことをあなたは「意味」として読み取ることもできます。

しかし、ここでの「本人たちが認識していない意味」は、たとえば彼らの体内で今インシュリンがどのように分泌されているかという、やはり「本人たちが認識していない事実」とは違うことに留意してください。「彼らの生活習慣が似通っているから」などの理由で全員のズボンがジーンズであるということは、やはり人間がもつ「意味」の世界での話なのです。

向こうに立っている彼らについて眺めるとき、私たちはその「意味」を読みとろうとしているのです。そしてそれがつまり、私たちが考えようとしている「社会」です。

意味は言葉で成り立っている

しかし、遠くから眺めるだけでは、「意味」は粗くしか読み取れません。もう少し解像度の高い「意味」を読み取ろうとする場合、どうすればよいでしょうか。

近寄って、話に耳をそばだてるのがよいことにあなたは気がつくでしょう。そうやって近づいて、言葉が耳に入ってくると、とたんに、解像度の高い「意味」が見えてきます。たとえば、ある二人が「それはちゃんと謝ったほうがいいんじゃないの?」「ありがとう。そうだよね。でも、……」と話している声が聞こえてきたら、そこから二人の間の信頼関係や、ある第三者との何らかの関係（友人?同僚?との何らかのまずい関係）、といった意味が見えてきます。言葉を聞くことで、視覚的な情報だけではわからない、ぐっと解像度の高い「意味」が見えてきます。それはとても当たり前なことで、「意味」は言葉で成り立っているからです。

社会が意味で構成されている、ということは、こういうことです。

物理的な世界ももちろん複雑ですが、意味の世界はもっと複雑です。なぜでしょう?意味の世界は、一人ひとりがそれぞれで意味をもっている、多重な世界だからです。Aさんが見ている意味の世界（意味世界）とBさんが見ている意味の世界とは、共通する部分もありますが、相違する部分もあり、それらが何重にも何重にも折り重なっているのが現実の世界です。その現実の世界を私たちは「社会」と呼んでいます。

そしてその複雑に入り組んだ多重な「意味」は、次の瞬間には変化しています。意味は、空間的にも時間的にも多重性をもっていて、さらにいうと、一人の個人も、その中に多重性をもっています。同じものごとが人びとの間で違った意味をもつこと、あるいは、一人の個人の中でも違った意味をもつことを「多義性」と呼ぶならば、世界は多義性に満ち満ちています。

やっかいな問題

外形的な複雑さと意味の複雑さという二重の複雑さを身にまとった「社会」なるもの。この社会の性格は、社会における何らかの問題を解決しようとするときに、いつも立ちはだかります。社会における問題は、いつも「やっかい」です。

ホースト・リッテルとメルビン・ウェバーというアメリカの社会政策・都市計画の専門家が、一九七三年に「計画の一般理論におけるジレンマ」という論文を書き、その中で「やっかいな問題」（wicked problems）という議論の枠組みを提起しました。この論文が書かれる契機は、当時の「専門家批判」の高まりでした。福祉、環境、交通などさまざまな政策分野で専門家が半ば独占して政策を進めたことが、かえって人びとの生活を脅かしているのではないかという批判が、アメリカをはじめとした先進国で沸き起こります。そうした批判を真摯《しんし》に受け止める中で、リッテルらは、そもそも専門家が科学的な見地から社会問題を解決することは可能なのか、と問いました。

リッテルらは論文の中で、現実の社会政策が対象としている問題、たとえば、都市犯罪や貧困の問題を、自然科学やチェスとの対比で考えます。数学も有機化学も、そしてチェスも――とリッテルらは言います――、対象とするものの枠組みがはっきりしていて、その中で問題を解くことができます。

それに対して、社会の問題、たとえば貧困問題の解決について考えたとき、それは最初から枠組みを決めて考えることができません。そもそも貧困とは何なのかがまず問われなければなりません。貧困とは低収入ということなのか。貧困が低収入のことだとしたら、それは国や地域全体の経済が低レベルだからなのか、あるいは、労働力市場の中での技能の欠如の問題なのか。貧困が技能の欠如の問題だとすれば、それは教育の問題なのか。教育の問題だとしたら、教育を改善するとはどういうことなのか。あるいは貧困問題は健康状態の欠如と関係があるのか、だとすればそれは保健医療の問題なのか。あるいは貧困は文化的な剝奪《はくだつ》の問題なのか。

このように、貧困問題とはどういう問題なのかを最初に決めることはできないのです。それは、解決策を考える中で初めて定式化できるものなのだ、とリッテルらは言います。たとえば、教育の改善で解決しようと考えて初めて、貧困問題とは教育の欠如の問題であると定式化できます。しかしそれが問題のすべてではもちろんなく、また、解決策を全部列挙することも不可能です。さらにやっかいなこととして、何らかの解決を試みたとしても、そのことがまた別の問題を生みだします。何らかの解決が生みだす波及効果をすべて見定めることは無理であり、問題はいつまでもどこまでも広がっていきます。現実社会は閉じたシステムではなく、オープンなシステムだからです。現実社会は文化や価値観も多様だからです。

社会問題に解決はない

これが「やっかいな問題」です。科学やチェスには一つの最良の解答があるが、やっかいな問題にそんなものは「ない」、とリッテルらは喝破しました。科学は結局のところ、「飼い慣らされた扱いやすい問題」、答えが出るように最初から枠組みが決まっている問題を扱うように発展してきたのだ。しかし、現実の問題はやっかい（wicked）なのだ。だから——とリッテルらは言います——問題に解決はない。「社会問題は決して解決されない。すくなくとも何度も〈再解決〉されつづけるだけだ」。

一九六〇年代以降のアメリカで、専門家による科学的な社会政策が花開こうとしていたその矢先、専門家が社会問題を診断することについて、大きな抗議が巻き起こりました。専門家が社会の「進歩」の方向を指し示すのに対し、大きな疑問が人びとから出されたのです。そんな人びとからの攻撃に対して、社会福祉の専門家も、住宅政策の専門家も、交通の専門家も、教育の専門家も、そして自然科学者たちも、免疫をもっていませんでした。そんな中でリッテルらはこの論文を書き、大きな反響を呼びました。

時が経って二〇〇〇年代に入ってから、この「やっかいな問題」という問題提起は、とくに環境問題を論じるときにあらためてよく参照されるようになりました。よく、どころか、かなり頻繁に参照されるようになりました。リッテルらの論文がどのくらい引用されたのかを実際に見てみると、圧倒的に二〇〇〇年代以降が多くなっています。一九七〇年代に書かれた論文が近年再び脚光を浴びることになったというのはおもしろいことです。

社会は存在するの?

「社会問題」はそもそもやっかいな問題なのだ、飼い慣らされた問題ではなく、扱いにくい、はっきりとした解決のない問題なのだ。リッテルらが提起したことは、そのまま「社会」そのものについても言えることでしょう。意味の複雑な束である社会は、その束のありようそのものが複雑であり、かつそれをそれぞれの個人がどう見ているか(意味世界)もきわめて多元的です。さらにそれはどんどん変化するものです。「社会」というものをとらえようとしたとき、それは定式化が困難なきわめて「やっかい」なものであることがわかります。

意味の複雑なからまりあいが社会というものの実態であり、また、多重性や多義性をもっている、ということになると、今度は、そもそも「社会」って存在するの？という疑問も当然出てきます。社会とは実態として何かまとまりのあるものでない、ということだとすれば、そもそも社会なんていう実態はなかったという話にはならないか。そう考える人がいたら、その人は、なかなかいいところをついていると思います。

実際、社会学という学問の歴史は、この「社会ってあるの？」「あるとしたらどんなふうに？」ということを考えてきた歴史でもあります。「社会ってあるの？」という疑問は、「社会って何？」という疑問ともストレートに結びついています。

デュルケムの「社会的事実」

社会学の始祖の一人、エミール・デュルケム（一八五八〜一九一七年）は、「社会的事実」という言葉を使って、この「社会ってあるの？」問題に答えようとしました。デュルケムは、一八九五年に出した『社会学的方法の規準』という本の中で、この「社会的事実」という考え方を提示しました。

たとえば、とデュルケムはこんなことを言います。私が夫としての務めを果たすとき、あるいは市民としての務めを果たすとき、私は、個人の外にある社会的な決まりごとにおける義務を果たしているのです。私の行為は、私個人の中から生まれるのではなく、個人の行為の外部に存在している何かによって規定されています。ここで重要なのは「私の行為の外部」に何かが存在して、それが私の行為を規定している、ということです。個人一人ひとりの独立した意識の問題ではなく、その外部に何かが存在していて、それが私たちの行為を決定しています。そしてその「何か」は、自然科学が研究対象とするような現象とは違う、つまり物理的な現象とは違う「何か」です。それをデュルケムは「社会的事実」と呼びました。デュルケムの言葉をそのまま使うと、社会的事実とは、行為、思考および感覚の様式からなっており、個人に外在して、個人に課す強制力を備えているものです。

さらに続いて同書の中でデュルケムは、社会学の最も基本的なルールは、「社会的事実を物のように扱う」ことだと高らかに宣言します。「物のように扱う」というのは、少々誤解を呼びやすい表現ですが、デュルケム自身の表現を使えば、「社会現象はそれらを表象する意識主体から切り離して、それ自体として考察されねばならない。すなわち、外在する物として、外部から研究されねばならない」、ということです。つまり、研究対象として客観的に扱えるような対象物、それをデュルケムは「物」と言っており、そう扱えるものを「社会的事実」と言っています。社会的事実を「物のように扱う」というのは、もう少し具体的に言うと、社会的なことがらを何らかの概念ですくい上げ、その概念同士の連関やしくみを考える、ということです。

「社会って何?」ということに対するデュルケムの答えはこうでした。

『社会学的方法の規準』におけるデュルケムの書きっぷりには、「社会学」という学問分野について、その科学性を必死に喧伝《けんでん》しようとする姿勢が見てとれます。「社会学」は、当時まだそれほど一般的でなく、科学の世界でも広く受け入れられているわけでなかったのです。『社会学的方法の規準』でデュルケムは、物理学や化学、生物学の話を何度も出した上で、社会学の主たる目的は、それらの学問が立脚している科学的合理主義を人間の行為にまで拡張することにあるのだ、と書いています。つまりは、自然科学の手法を人間に応用するのだ、ということです。しかし、対象は自然科学と違う。社会学の対象、それこそが「社会的事実」なのだ、というのです。

社会と社会学の共進化

しかし一方で、デュルケムの主張は、今日から見ると、やや当たり前な社会認識だとも見えます。現代の多くの人びとにとって、個人の意識の外部に存在するものとして「社会」をとらえる、というのはそれほど違和感のある見方ではないでしょう。しかし、デュルケムは『社会学的方法の規準』の第二版の序文の中で、この主張が大きな論争を巻き起こしてしまった、と書いています。社会現象を個人の外に存在するものとして考え、物のように扱う、ということが、大きく論争になったのです。

当時大きく論争を生んだような見方を、なぜ今日の私たちはそれほど違和感なく受け入れられるのでしょうか。

個人の「外」に存在する「社会」の存在を今日多くの人が認識しているのは、もともと「社会」があってそれにようやく気がついた、というより、近代社会が進展する中で、「社会」というものの存在を個人の外部に置いて議論することが人びとの中で一般的になった、ということだろうと思います。

社会学は、そうした近代社会の中にあって、人びとの認識と軌を一にする形で、個人の外部に「社会」という存在を置いてみる認識のしかたを進展させてきました。社会学が人びとにそれを教えた、というより、社会学（あるいは広く社会科学一般、あるいは専門家やジャーナリスト）と近代の人びととが相互に作用しながら「社会」認識を進展させてきた、というのが本当のところでしょう。社会学と社会、社会学と人びとの認識は、共進化したのです。別の見方をすると、「近代社会」というものが強い枠組みとして徐々に形成され、その自己認識の技法として社会学という学問を産み落とした、とも言えるでしょう。

今日「社会の存在」を疑う人はいません。社会は存在するというフレームワーク（考え方の枠組）自体はほぼ共通認識になっています。これは社会の存在が「正しい」かどうかではなく、それが共通認識になっているということです。デュルケムが「社会的事実」と呼んだものが「存在」することは、そういう言葉は一般には使わないにせよ、ほぼ現代に生きる私たちの共通認識になっています。

社会学は社会主義

さて、デュルケムが「社会（的事実）は存在する」と言ったとき、そこには、ただ存在するんだという認識以上のものがあったように思います。それは、「社会」に対する信頼や期待です。社会への信頼は、私を含めた今日の社会学者も共通して強くもっている態度です。デュルケムは主著である『社会的分業論』（一八九三年）でも『自殺論』（一八九七年）でも、社会の変化によって人間のつながり方がどう変化したかを議論し、その上で、「連帯」「社会的凝集」「共同意識」といった言葉を使って、人間はどうやってつながりあえるかを議論しています。

社会学者は、法律や制度、あるいはお金や経済といったものより、社会的な側面、たとえば信頼だとか「つながり」だとか、あるいはその反対の排除だとかコンフリクトだとかに注目します。個人の心理より「社会」に注目します。科学や技術より「社会」に注目します。それはただ「そこに社会があるから」ではなく、「社会」の力が重要であることを認識し、また期待もしているからです。近代社会の「社会」認識を擁護し、さらに後押ししようというものです。

社会学はつまり「社会」主義です。国家に対する「社会」の力、資本に対する「社会」の力を前面に打ち出そう、という社会主義（ソーシャリズム）です。「社会学」の名付け親であるオーギュスト・コントが社会主義思想の先駆者サン・シモンの弟子であったことは、ですから、偶然ではありません。アメリカの社会学者スティーブ・フラーは社会学と社会主義を、「単一の政治的プロジェクトの二つの側面」だと論じていますが、私もその通りだと思います。

社会学が、生活者視点を重視したり、「信頼」や「紐帯《ちゅうたい》」（人びとの間の結びつき）を重視したりするのは、そうした「社会」主義の姿勢から来ています。

社会学は社会の解決力を擁護する

社会学にとって「社会」は、単に研究の対象ではなく、また操作の対象でもなく、信頼する対象であり、ともに歩もうとする対象です。社会学者のいとなみそのものが、社会に参画して社会の力を強めようとする行為です。多くの社会学者はそう意識しています。

ですから、一九八〇年代のイギリスの首相、マーガレット・サッチャーが、労働組合など、「社会」を構成する重要な要素を蹴散《けち》らそうとする政策をとり、そして「社会なんてものはないのです」と断じたとき、社会学者たちはそれを全面的に批判して「社会」を擁護しました。

サッチャーは首相在任中の一九八七年、女性誌『ウーマンズ・オウン』（一九八七年一〇月三一日号）のインタビューでこう語りました。「長いこと人びとは、何か自分たちに問題があればそれに対処するのは政府の仕事だと考えてきた。（中略）そうやって社会に問題が投げかけられてきた。しかし、社会なんてものは存在しないのです。あるのは個々の男と女、それに家族だけです」。社会というものは存在するのか、という古典的な問題の再提起だったわけですが、社会学はこの見方を批判します。

社会を擁護する、というのは、ただ社会の存在を擁護するのでなく、社会の解決力を擁護することでもあります。

社会はたしかに「やっかいな問題」です。しかし、複雑であること、ややこしいことは、問題であると同時に「解決」でもある、と社会学者は考えます。社会がもっている

「やっかい」さ、つまりは多重性であったり、多義性であったりというものの中に解決力があるのだ、と考えます。多重であること、多義的であることは、さまざまな状況に対応できる力を持っている、問題をその都度解決していく順応性をもっている。社会が自ら問題解決を図ることができるのだ、と社会学者は考えるのです。

社会学はそのような意味での「社会」主義であり、「社会」運動です。

社会をプロセスとして考える

とはいえ、社会を擁護するというのは、社会を固定的に見てそれを擁護することではありません。固定的な「社会」像は、その枠から常にはみ出す私たちの活《い》き活《い》きとした生を踏みにじってしまう可能性があります。社会学者は、逆に、社会が絶えず変化しながら柔軟に生き延びている姿を重視します。社会学者は社会が変わるもの、変えられるものだということを重視します。

デュルケムの時代は、「社会」の存在を喧伝し擁護する必要があり、それが「物のように扱う」という言葉でも表現されました。しかし、社会の存在自体が共通認識になれば、社会そのものの喧伝ではなく、むしろ社会というものが絶えず動いている、社会は固定的な存在ではなく、日々のダイナミズムをともなったものなのだ、ということを喧伝することのほうが重要になってきます。それが社会主義としての社会学の現在の立ち位置です。

先ほどのリッテルらは、「やっかいな問題は分類できない」というおもしろいことを言っています。一つひとつの「やっかいな問題」は固有性をもったユニークなものなのだ、それを無理矢理何かに分類してその分類に対応する共通の解決策を当てはめるといったことはできないのだ、というのです。リッテルらの議論をここでの議論に当てはめれば、社会的な現象は、日々変化していて、定式化が困難なものだ、さらには、誰がどこからに見るかによっても違っているものだ、ということになるでしょう。

社会を「物」というよりも「プロセス」として考える。さらに、社会そのものが多義的な存在だと考える。多面的な見方ができるものだと見る。固定的な社会が問題解決するのではなく、ダイナミックなプロセスとしての社会が、そのダイナミズムの中で問題解決するのだ、と考える。そういう見方が、現代において、批判的かつ建設的に社会を考えるときの大事な見方になります。

固定的な見方を解きほぐす

「物」として、あるいは「物の関係」として社会を見ることがむしろ支配的になり、さまざまな制度も、教科書も、そういう固定的な見方の上に制度化されていったとき、もう一度それを解きほぐす作業が必要になってきます。

たとえば、障害者差別について、差別は健常者側の「無知」から来るものだと定式化されると、その「無知」を解消する啓発活動が重要だ、となります。しかし、それだけでは障害者差別は解消しないだろう、むしろ障害者の平等の機会を奪うさまざまな社会的障害があるのではないかと考える人が出てきます。そしてそれが定式化され（これは「障害の社会モデル」と呼ばれます）、今度はそれを解消する物理的・社会的しくみ（建物のバリアフリー化や障害者への「合理的配慮」）を作り出そうという活動が始まります。しかし、社会学者はさらに、それで済むのだろうか、ということを現状に即して考えようとします。「無知」も「社会的障害」も、固定的なものではないので、現場に即してそれらを動いているものとしてとらえ直し、そこからまたあるべき方策を考えます（榊原《さかきばら》賢二郎編『障害社会学という視座――社会モデルから社会学的反省へ』、飯野由里子・星加良司・西倉実季『「社会」を扱う新たなモード――「障害の社会モデル」の使い方』）。

このように、社会を固定的に見るのではなく、また過度に定式化せず、動いているものとしてとらえることによって、より意味のある議論をしようとする。それが今日の社会学の技法です。そして、そのように社会をプロセスとして考えることは、社会の柔軟性、順応性を信頼するということでもあります。社会学は、そうした順応性をもった社会を伴走的に描き、構想する学問です。

社会を固定的なものとして見ない試みは、すでにデュルケムより後の社会学の中でも繰り返し行われてきました。たとえば、イギリスの社会学者アンソニー・ギデンズ（一九三八年〜）は「構造化」、フランスの社会学者ピエール・ブルデュー（一九三〇〜二〇〇二年）は「構造―ハビトゥス―実践」という言葉を使って、社会のダイナミズムを、そして、プロセスとしての社会を、考えようとしました。ギデンズの「構造化」は、階級や権力などのマクロな社会的枠組みを、構造と個人の間の継続的な相互作用として考えようとするものでした。一方、ブルデューは、私たちの日々の行為（実践）と社会構造との中間に、私たちの行為の習慣的な傾向（これをブルデューは「ハビトゥス」と名づけました）を置くことで、その三者の間の相互作用を考えました。ブルデューは、この三層構造を考えることで、とくに私たちの日々の行為の重要性、社会構造の歯車ではない私たちの日常的な実践の重要性を考えたのでした。

いずれにせよ、社会を固定的なものとして考えるのでなく、絶えず動いているものとして見る、あるいはその動きそのものが社会なのだ、と見るのが、今日の社会学の重要な視点です。

意味の複雑な集積としての社会。多義的で、やっかいな存在としての社会。そんな社会を信頼し、ともに歩もうとするのが社会学だ、ということを見てきました。さて、では、そんな社会学とは、いったい具体的に何をどうする学問なのでしょうか。次章以降で掘り下げてみましょう。

第2章

社会学って何だ？——みんなで規範の物語を作るいとなみ

飯島伸子の「被害構造論」

戦後日本最大の公害事件である水俣《みなまた》病は、一九五六年の「公式確認」に始まり、現在もまだ解決には至っていません。熊本県水俣市にある化学企業チッソ（当時の名称は新日本窒素肥料）が、化学物質アセトアルデヒドを製造する過程で用いた触媒の一つの有機水銀を無処理で海に垂れ流し、それが魚を介して地域住民の体に入り、さまざまな健康障害を引き起こしました。さらに母親から胎盤を通して胎児に影響を及ぼした胎児性水俣病も発生します。しかし長く政府もチッソも、原因がチッソが流した有機水銀であることを認めず、一九六五年に第二の水俣病として新潟水俣病が発生したことを契機に水俣の患者たちは訴訟に立ち上がり、一九七一年に勝訴しました。しかし、その後、誰を水俣病と認定して補償をするかという大きな問題（未認定問題）が解決しないまま、現在に至っています。

水俣病は、多くのジャーナリスト、研究者を引きつけてきました。とはいえ、その初期からかかわっていた研究者はほとんどおらず、その数少ない一人に、社会学者の飯島

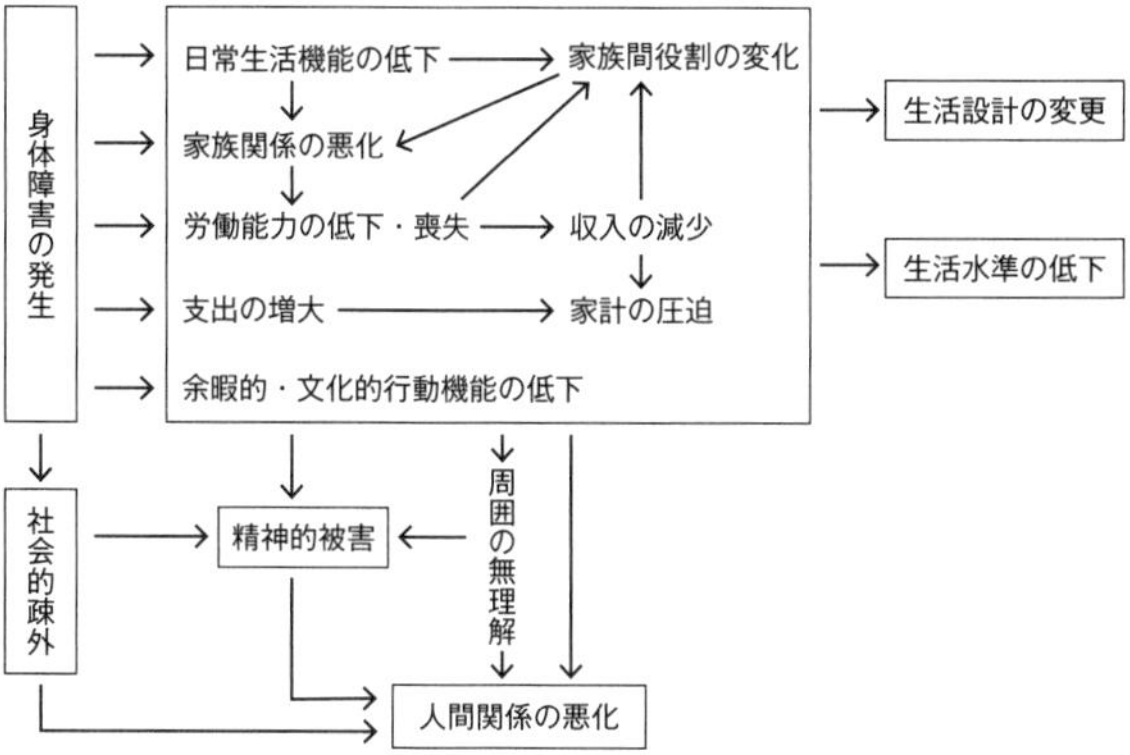

図１　公害・薬害患者の被害構造（飯島伸子）

伸子（一九三八〜二〇〇一年）がいました。

飯島伸子は、薬害スモン事件（薬剤であるキノホルムを摂取した多くの患者が運動障害、知覚異常等さまざまな健康障害に苦しんだ事件）や水俣病の患者たちの話を繰り返し聞く調査によって、患者の「被害」が単に健康被害にとどまらず、悪循環のように生活全般にわたってしまうことを明らかにしていきます。飯島は薬害スモン事件被害者の裁判にもかかわりながら、その救済が、医学的な被害だけでなく、差別や、家庭や職場での人間関係の悪化などの生活全般に渡らなければならないこと、そして、それらに対する金銭的な損害補償が必要なことを主張します。図1は、飯島が患者の「生活被害」全般を描いた図式です。そして水俣病の患者たちの被害を浮かび上がらせるときにも、飯島はこの図式を使い、このしくみを「被害構造」と呼びました。飯島のこの被害構造論は、のち、一九九〇年代に成立する環境社会学の分野で、多くの研究者によってたびたび参照されることになります。

福島原発事故による住民たちへの影響について扱った多くの論文でも、飯島の被害構造論はよく引用されました。原発事故の「被害」を矮小化《わいしょうか》しようとする東京電力や政府の議論に対して、単に経済的な損失だけでない被害を浮かび上がらせる研究が多く出ましたが、その際にこの被害構造論がよく使われました。

ここで注意すべきなのは、被害構造論のこの図が、それぞれの要素間の厳密な因果関係を示したものではなく、また、すべての患者がこのような「構造」にあることを示したものでもないということです。のちに飯島の研究足跡を詳細に追った友澤悠季が指摘するように（友澤『問いとしての「公害」――環境社会学者・飯島伸子の思索』）、この図は、生活全般に広がる被害を伝えるときの見取り図のようなものであり、図の背景には、一人ひとりの具体的な被害があります。飯島は、この図を示すことと一人ひとりの被害を記述することの両方を合わせて行い、そのことによって、被害という社会的事実を社会へ向けて発信しました。

社会学は対話から成り立っている

この飯島の被害構造論を見てわかるのは、社会学が、社会、あるいは社会問題について、きわめて「ふつうに」調査研究しているということです。何か驚くようなツールが使われたわけでなく、何か壮大な理論を打ち立てたわけでもありません。そしてその「説明」には、何か特別の「専門用語」を使うのでなく、日常的な言葉、あるいはそれに近い言葉を使っています。数式も使っていません。ある意味、ジャーナリストや、あるいは多くの人がやっているような方法をとっているのです。

この一見「ふつうに」見えるのが社会学の一つの特徴です。第1章で、近代社会と社会学の共進化という議論をしましたが、今の私たちにとってこの方法が「ふつう」に見えるのは、その共進化のせいかもしれません。いずれにせよ、このようにふつうに調査してふつうに考え、提言する、といういとなみにこそ、社会学の重要な側面があります。「ふつう」が社会学の重要な側面だとは、いったいどういうことでしょうか。もう少し掘り下げてみましょう。

飯島の被害構造論からわかる社会学の「ふつう」さの重要な特徴の一つは、それが対話から成り立っているということです。社会学は、その基本において、対話です。

飯島は、薬害スモンや水俣病の患者たちに話を聞くところから研究を出発しています。話を聞くことで、「被害」の実態が、健康上の被害にとどまらない、患者たちの生活全般にひろがっていること、とくに人間関係に多くの困難が生じていることを知ります。これは、聞くことによってわかったことです。また、飯島が健康上の被害以外の事象についてとくに注目して聞いたことによってわかったことでもあります。つまり飯島が「そういうことがあるかも」と考えて聞かなければ、患者たちはそういう話をあえてしなかったでしょうし、反対に、患者たちが話すことによって、飯島は「そういうこと」が具体的にどんなことなのかを知り（想像していなかった話も当然出てきます）、それによってまた聞き、という対話がそこに成立したのです。聞く側の「意味」と話す側の「意味」が相互作用する中で何かがわかる、というのが社会学的な調査の大きな特徴です。

社会学が対話の知であることは、単なる調査テクニックの話ではありません。前章で、社会が「意味のかたまり」であること、「意味はつねに多義的に存在している」ことを考えましたが、そこから当然の帰結としてこの対話性が生まれます。意味の複雑なかたまりであるところの「社会」を何らかの目的で捕まえようとしたときに、意味の連鎖の中のどこを切り取ればよいかはあらかじめ決まっておらず、また、切り取る側が一方的に切り取ることもできません。意味と意味との間の対話によって初めて浮かび上がってくるのです。

社会学の調査はもちろん、話を聞くだけでなく、文献や資料を調べたり、統計を調べたりといったことも含みます。そして、それらもまた対話的なプロセスです。何かわかりたいこと、考えたいことがあったとして、しかし、それについてどういう文献や資料を見ればよいかはすぐにはわかりません。いろいろ見ていく中で、文献や資料が浮かび上がってきます。さらにそれらを読むことによって、わかりたいこと、考えたいことが変化していき、それによってまた文献や資料を探し、読みます。文献や資料との対話です。社会学における文献資料調査とはそういう対話的なプロセスの一環です（このあたりは次の第3章で深めます）。

人びとはすでに「意味」をもっていて、「意味」の連鎖の中に生きています。その意味の複合の中で、やはり「意味」の連鎖の中で生きている社会学者が意味を探ろうというのです。ですから、その方法としては、意味と意味をぶつけ合う、意味と意味を重ね合わせる、という「対話」しかありません。

社会学は社会の外に出られない

それは、社会学は社会の外に出られるか、という問題とも関連しています。

多くの人がもつ、科学や学問についての一般的なイメージは、ものごとの外に出て、「客観的」に眺めて考える、というものでしょう。しかし、意味の複雑な連鎖であり、かたまりであるところの「社会」を外から眺めることは可能でしょうか。

現在の物理学は、私たちの宇宙以外の宇宙が存在することを示唆していますが、それについて私たちは永遠に見ることも観測することもできません。私たちは、私たちの宇宙の外に出ることはできず、外から眺めることはできません。それと同様に、私たちは社会の外に出ることはできません。

しかし一方で、一見社会の外に出たかのような社会学の調査研究があることも私たちは知っています。

その手法はこういうものです。社会の全体性、すなわち複雑な意味の連鎖の中から、ある限定された側面に注目します。たとえば、個々人がどういう地域活動に参加しているのかとか、オリンピック開催に賛成か反対かとか、そういう側面にわざと限定した上でデータを集め、そこから何かを明らかにする、といった方法です。つまりそれは「外に出た」のではなく、人びとや事象をとりあえず一面的なものに変換して眺めることで「外に出たふう」にしたものです。

この手法のメリットは、「考えやすい」ということです。単純化して見るのですから、それは当然です。しかし、考えやすいということと、いい考えが出てくるかどうかは、もちろん別の問題です。そのことに十分自覚的になった上での「外に出たふう」戦略はもちろん十分ありえる方法ですし、実のところ、これまでの多くの社会学の研究も、この方法をとってきました。

しかし、やはり気をつけなければならないのは、第一に、それはあくまで「外に出たふう」であって、外に出たわけではないこと、ですから、外から全体を俯瞰《ふかん》したような気にならないよう気をつけること、第二に、この方法では、対話の中から一歩一歩わかっていくというのが難しく、一方的な「意味」をくみ取ってしまうおそれがあるということです（もちろんそうならないための工夫をいろいろするわけです）。ひどくなると、このような手法は、支配の道具に堕しやすい、ということも言っておきましょう。「おまえたちはこうなんだ、だからこういうことが必要なんだ」、というやつです（このあたりは社会学における「理論」を扱う第5章においてまた考えたいと思います）。

社会学は、「外に出たふう」の研究戦略を一部で使いながらも、その基本において対話性を保持しながら調査研究しようとする学問です。あるいは、対話性を保持しないとそもそも成り立たない学問です。繰り返しになりますが、なぜなら社会学は「意味世界」を扱う学問だからです。

社会学は規範的な学問

社会学の「ふつう」さを形作るもうひとつの大きな特徴は、その規範性です。社会学はその根本において規範的な学問です。

「規範」とは「~すべき」とするルールや考えであり、「規範的」とは、「いいか悪いか」「どうすればよいか」を考えようとすることです。

「宇宙はいつどのようにできたのか」といった物理的な真実を明らかにすることに、規範は要りません。むしろ規範は邪魔者です。宇宙生成時に水素やヘリウムが生まれたことが「よいことだったか」どうかを考えることには意味がありません。自然科学は、わざと規範を切り離すところから成立しています。もちろん科学そのものの成立や発展には何らかの規範が外的にからんでいますが、自然科学の内部には規範は不必要です。いわば「そこに山があるからだ」の世界です。

一方、社会学は、意味の連鎖の中で意味を考えようとする、それ自体が社会的ないとなみであって、自然科学的ないとなみとは違います。したがって、意味を考えようとする意図がなければそもそものいとなみは成立せず、多くの場合その意図とは、「どうすべきなのか」といった「価値」や「規範」です。そうした意図、広い意味での規範がないと、社会の何を問うかが出てこないのです。「そこに山があるからだ」ではなく、

「そこの山に登ることはよいことかどうか」の世界です。

ただし、ここでいう「規範」は、最大限広い意味での「規範」です。「〜は〜すべきだ」という狭く限定された規範である必要はありません。うっすらとした問題意識、「おかしい」という感覚、「〜について考える必要があるのではないか」という思い、そうした広い意味での規範や価値が、社会学の調査研究を生みだします。

デュルケムの『自殺論』は、一見個人的な行為のように見える「自殺」というものが、人口当たりの自殺数でみると、地域によって（とくに地域の宗教によって）、また、時代によって違っていることを明らかにし、自殺が社会的な現象、社会的事実であることを明解に論じた社会学の古典です。デュルケムのこの『自殺論』は、あたりまえながら、「自殺が増えることはよくないことだ」という規範、あるいは、すくなくとも「自殺という現象は何らかの問題を有しているから考える必要がある」という「価値」がなければ成り立ちえなかった研究です。デュルケムの時代のフランスで、研究テーマとして、自殺について考えるのか、それともファミリーネームがFで始まる人とVで始まる人のどちらが多いのかを考えるのか（当然、そんなことを考えようとする人はいなかったわけですが）、は事実から来るのではなく、規範から来るのです。デュルケム自身、『自殺論』にかぎらず、近代社会の中で人びとはどうつながりあえるのか、どう連帯を再構築できるかということについて、探究を続けた社会学者でした。

規範を前面に出した「サードプレイス」論

規範性を前面に打ち出した社会学の成果の一つに、オルデンバーグの『サードプレイス』（原題は *The Great Good Place*）があります。アメリカの社会学者レイ・オルデンバーグ（一九三二～二〇二二年）は、アメリカ人の多くが自宅と職場にしかその活動場所をもっていない現状をよくないものと考え、関係のない者どうしがかかわりあうような場、みんなで楽しい時を過ごせるようなインフォーマルな公共の場が必要であると考えました。そしてそうした「インフォーマルな公共生活の中核的環境」を「サードプレイス」と名付けました。家庭でも職場でもない第三の場所、それはカフェであったり、パブであったり、あるいはイタリアの食堂（タベルナ）であったり、「アメリカ西部の昔ながらの雑貨屋」であったりします。サードプレイスの特徴についてオルデンバーグはこのように言います。

サードプレイスは中立の領域に存在し、訪れる客たちの差別をなくして社会的平等の状態にする役目を果たす。こうした場所の中では、会話がおもな活動であるとともに、人柄や個性を披露し理解するための重要な手段となる。（中略）サードプレイスの個性は、とりわけ常連客によって決まり、遊び心に満ちた雰囲気を特徴とする。他の領域で人びとが大真面目に関わっているのとは対照的だ。

オルデンバーグは、かつてあった、あるいは場所によっては今も存在しているそうしたものを「インフォーマルな公共生活の中核的環境」という類型で抽出し、現実社会の問題を解決するものとして提起します。そして、それがどう存在しえるのか、その効果はどういうものか、ということについて議論します。そのように、現実社会との対話の中で、規範的に類型化したものとして「サードプレイス」を提起したのです。

この「サードプレイス」概念は、オルデンバーグ自身が意識して規範的に打ち出した、もっと言えばその概念を「売り出した」こともあって、たちまち世界中で広く使われるようになりました。日本でも、社会学の内部よりむしろ、幅広く、まちづくりや社会福祉などの研究や実践の中で「サードプレイス」概念が使われています。

オルデンバーグの「サードプレイス」ほど規範性を前面に出すかどうかはさまざまであるにせよ、社会学は本来規範的なものです。

意味は身体的な行為の中から生まれる

社会学が「規範的」であるということを別の言い方に直すと、社会学の知のあり方が行動のための知、ふるまいのための知であるということになります。

人工知能の研究者である松田雄馬は、『人工知能はなぜ椅子に座れないのか』という本の中で、たいへん示唆的なことを言っています。

人間は、椅子でないもの、たとえば石を、椅子と見立てて座ることができます。疲れたから座りたいなあと考えたときに、そこに大きな石があったら、それを座るという行為の対象、つまり「椅子」と認識して、座ることができます。一方人工知能には（現在の設計思想の人工知能には)、そのような芸当はできません。それはなぜでしょうか。簡単に言うと、人間が身体をもち、身体で行為するからだ、というのが松田の議論です。人間は、身体をもっているからこそ、「疲れたときに座る」とか「作業するときに座る」、あるいは「リラックスして人と話すときに座る」などという「目的」を自分自身で作り出すことができます。一方、人工知能は身体をもたず、身体で行為しないから、そうした「目的」を自分で作り出すことができません。

身体をもちながら、目的を作り出すことによって人間は、たとえ川辺の岩であろうとも、それを「椅子」として認識し、座る対象にできるのです。身体にとっての「意味」は、身体と環境との関係によって、即興的にその場その場で作り出されていくものです。人間は「椅子」を、身体による行為の物語の中で理解しているのです。人間が椅子を認識するということは、このように、物語の中に「関係」が作り出されるということであり、それがまさに「意味」を見出すということです。

「意味」は身体をともなった行為の中で生まれる、という指摘はとても重要で、それはそのまま社会学といういとなみにも当てはまる、と私は思います。何かに問題を感じた

り、何か行動を起こさなければという規範的な意識をもつことによって、初めて社会学のいとなみが生まれるのです。

共同の規範をつくるいとなみとしての社会学

社会学が出発点にする「規範」は、個人が個人の中でそれぞれ独立して作る「規範」ではありません。それは共同の「規範」です。ですから、社会学は「人びとが大事だと考えること」について考えるのです。もちろん人びとが大事だと考えることは一つでないし、あることについてその大事さ加減は人によって違います。しかし、単に個人にとっての話ではなく、みんなにとって大事だろうと考える人がいたら、それは社会学のいとなみの出発点になります。

たとえば、社会学者の西倉実季は、顔に疾患や外傷をもつ女性たちの苦しみに焦点を当てた研究を行っています（西倉『顔にあざのある女性たち――「問題経験の語り」の社会学』）。顔にあざのある女性たちの苦しみや、それをめぐる周囲の無理解という状況を、西倉は「大事なこと」ととらえ（しかし、その「大事なこと」の力点の置きどころは、研究を進める中で変化していきます)、どうすれば彼女たちの苦しみを軽減することができるか考えようとします。

そのことを考えるために、西倉はまず彼女たちの語りに真摯《しんし》に耳を傾けます。そこから彼女たちの「困難」を、「顔にあざがある自分、あるいはそれを隠している自分への否定的な自己認知」、「目をそらされるなどの相手の行為によって、人とのあたりまえの対面的相互行為が困難になること」などに分析的に整理します。その上で、それらを解決する方策として、二つの方向について検討します。一つは、顔にあざがあることを「障害」としてとらえ、社会的に認知されている「障害」という枠組みでの支援や社会的理解を求めるという方向です。もう一つは、顔にあざがあることは「機能的な問題」をかかえているのとは違うので「障害」という枠組みからは切り離して解決を考えるという方向です。この二つを検討し、西倉は後者を主張します。

どうすればよいか、という社会的な「規範」を実態に即してより深く考えるために、西倉は社会学的な手法をフルに用いていると言えます。

環境問題はどう解決できるのかという問い

私自身の社会学者としてのいとなみの中では、「環境問題はどう解決できるのか」が規範的な問いでした。環境保全のさまざまな現場を調査する中で、私は、人びとの環境への認識が違っていてそれがコンフリクトを生みだしていることを知ります。それは環境保全に賛成か反対かといった単純な争いごとではなく、むしろ「環境保全」という原則ではとくに不一致はないにもかかわらず、さまざまな利害、思いのズレから、コンフリクトが生じている、という現象でした。まさに「やっかいな問題」です。では、それはどう解決できるのだろうか、ということを大事な問いだと考え、研究してきました。

たとえば、環境保全の現場で問題になりやすいのは、「このやり方とあのやり方のどちらがよいのか」といった具体的なことです。あるいは、なぜそんな管理が必要なのか、とか、そのやり方は誰がよいと決めたのか、といったこともよく問題になります。これらは「正しさ」をめぐる争いです。このことを私は「レジティマシー（正当性）の問題」と位置づけ、そして環境保全におけるレジティマシー問題を「誰がどんな価値のもとに、かかわり、管理していくべきか、そしてそれについて社会的な承認がどうなされているのか」という問題だと定式化してみました。つまり、この「正しさ」をめぐる問題は、「誰が」の問題、「価値」の問題、そして「社会的承認のあり方」の問題、という三つの水準の問題に分けられる、としたのです。そういう問題の整理をすることによって、実際にコンフリクトが生じた場合に、どこが問題なのかの俯瞰《ふかん》がしやすくなり、かつ、それにもとづいて何を議論すればよいのか、何を合意形成すればよいのかがわかりやすくなる、と考えました（宮内『歩く、見る、聞く　人びとの自然再生』）。

　このように、私は、「環境問題はどう解決できるのか」という規範を出発点に、現場での調査を繰り返し、そこからさまざまな問題提起や提言をしてきました。それが私の社会学的な営為でした。

　もし、「人びとが大事だと考えること」について、社会の共通認識が確固たるものとしてあり、それを解決する手段もすでに明解であるなら、社会学の出番はないかもしれません。しかし、ほとんどの「みんなにとって大事だろう」ことは、それがどう大事なのか、どう問題なのか、何が問題なのか、どうすればよいのか、について、まだまだわからなかったり、みんなが納得できていなかったり、あるいは解決していないものでしょう。社会学はそこを考えようとします。社会学はそうした問題について、対話的にデータを集めながら、対話的に考えようとします。

社会学は、共同の規範を作り上げるための共同のいとなみにほかなりません。もちろんそれは、「共同の規範」なんてありうるのか、あるいは、「共同」とは誰と誰の共同なのか、という開かれた問いをつねに含みつつのいとなみです。

ヒントとしての順応的管理

社会学は、複雑な社会の中で、社会に伴走しながら知識生産していく学問です。しかし、伴走は簡単ではありません。何より不確実性に満ちているので、確実な正解を提案できるわけではありません。社会と一緒に考えて、正解らしきものを提示する。でもそれは本当に正解かどうかわからないので、それを実際に進めてみて、検証して、また考える。

社会に伴走するこのような知のあり方を考えるとき、自然保護分野での「順応的管理」というものがヒントになると思います。

「順応的管理」とは何でしょうか。たとえば、近年の北海道では、アザラシが増えて漁業被害の問題が生じています。アザラシが漁網をやぶってしまったり、網の中の魚を食べてしまったりするのです。漁業被害を減らすためには、アザラシの数を減らす必要があります。しかし、一方でアザラシを絶滅させることも避けなければなりません。そこで、まずアザラシが現実にどのくらいいるのかを実測から推計します。しかし、その推計は不確実性を強くもちます。また対策を立てたとして、それがどういう効果があるかはやってみないとわかりませんし、やってみても正確な効果についてはわかりません。そうした不確実性を前提にしながら、得られる科学的なデータをもとに、アザラシをどのくらい駆除すればよいのか計画を立て、実行します。その結果がどうなったのかをモニタリングし、その結果からまた計画を立て直します。そういうことの繰り返しが順応的管理です。

今日世界中の自然保護において標準的な手法となったこの順応的管理の考え方の基礎を築いたのは、C・S・ホリング（一九三〇〜二〇一九年）という生物学者です。ホリングは、順応的管理の考え方を著した本（一九七八年刊）の中でこう強調します（*Adaptive environmental assessment and management*)。人間は、わからないことばかりの海、予期できないことばかりの海の中に暮らしているのだ。いくらがんばって大量のデータを集めたとしても、生態系や社会について私たちが知識として獲得できることは、獲得できない部分に比べればはるかに小さい。だから、不確実なもの、知らないことをなくそうとしてもだめだ。大事なことは、不確実なもの、知らないものにどう対処するかなのだ、と。したがって大事なのは、「試行錯誤のしくみが機能するようなしくみをデザインする」ことだとホリングは説きます。完全に「わかる」ことを目標とするのではなくて、ある程度わかったところで周到に実行してみて、その結果を見ながらまた分析して、軌道修正していく、そういうしくみ、順応的な管理のしくみを作ることが必要だ、というのです。

今日、世界中の生物多様性保全や野生生物管理のほとんどは、ホリングが唱えたこの考え方にしたがって順応的な管理を行うことを目標としています。

順応的なプロセスとしての社会学

社会もまた、複雑性、不確実性に富んだもので、そこから確たる「事実」や確たる「政策」を生みだすことは困難です。社会は「やっかい」なのです。

とすれば、社会学が果たすべき役割は、その問題についての誰からも否定されないすべての真実をつきとめることではなく、可能な限り調べて考えて「こうではないか」という暫定的な提言をする、それを実行する、そしてまた調べて考える、というプロセスをとることです。社会学そのものがそうした順応性をもった営為です。順応的な営為としての社会学の目的は、統一理論の形成でも、社会のしくみの全面的な「解明」でもないと考えたほうがよいでしょう。社会のしくみがすべてわからなくてよいし、それを目指さないほうがむしろよいかもしれないのです。

社会学がいつも比較的「ゆるい」議論をしているように見えるのはそのためです。たとえば、社会学の理論あるいは用語として知られる「生活世界の植民地化」「感情労働」「流動化」「サードプレイス」「コモンズ」などは、どれも「あいまい」といえばあいまいなものです（社会学の「理論」の意味については第5章であらためて考えます）。意味の連鎖の中にいる社会学者が、複雑な意味の連鎖との対話の中で「こういうことになっている」「こうあるべきではないか」ということを引き出そうとするわけですから、そもそも「ゆるい」議論しかできないし、それでいいし、それがよいのです。
「ゆるい」「あいまい」というと誤解を与えそうなので、すぐさま言い換えると、社会学の議論は、狭い意味での科学的厳密さより、共同の規範を言葉で表現し、提案・提言することに重きを置きます。別の言い方をすれば、不変の公理ではなく、どうなっているのか、どうすべきなのか、について日常言語に近い言葉で表現し、提案しようとするのが社会学です。つまり、社会学は、みんなで規範の物語を作り出そうといういとなみです。

しかし、その規範の物語は、当然、無根拠の物語、空物語であってはなりません。しっかりした根拠にもとづく提言でなければなりません。複雑な意味の連鎖が対象で、しかも規範性をもつ、となると、一見「なんでもあり」のように見えてしまうかもしれませんが、もちろん「なんでもあり」でなく、根拠があること、根拠となるデータがあることが必須です。社会学者がいちばん時間を割いているのは、この根拠を集めること、つまりは調査することです。

そしてこの「調査」は単に「データを集める」ことではありません。この章で見てきたように、社会学は社会の外に出られず、社会の中で対話することによって成り立っているのですから、「データを集める」ということは対話をするということです。さらにその調査＝対話のプロセスには、「考える」「議論する」が埋め込まれています。調査そのものが社会認識のプロセスです。そのことについて、次の章で考えてみましょう。

第3章

聞くことこそが社会学さ——対話的な社会認識としての調査

意味を集める

複雑さや意味の錯綜《さくそう》の中で、みんなで規範の物語を作るのが社会学だとすれば、その技法の中心に置かれるのは、当然、「意味」を集めるという行為になります。人びとの「意味」を集めないで、ただ自分ひとりの意味世界だけでものごとを理解しようとすることは、社会学ではありません。

そして、「意味」は「言葉」として立ち現れますので、意味を集めるとは、言葉を集める作業になります。前章で見たように、「意味」の連鎖の中に生きている人びとについて、同様に「意味」の連鎖の中で生きている社会学者が、意味を探ろうとするのですから、「意味を集める」という作業は、ただ機械的に「集める」のではなく、「対話的に集める」、つまりは「聞く」という作業でなければなりません。

世界的に影響力のある社会学者ジグムント・バウマン（一九二五〜二〇一七年）は、社会学とは人間の経験との対話である、と言っています。人間の経験によって解釈される「常識」（社会認識）との終わりのない双方向の会話・意見交換が社会学だ、とバウマンは言います（バウマン『社会学の使い方』）。人びとの言葉、人びとの語る「体験」、そしてそれによる社会認識との対話が社会学です。

意味を対話的に集める、つまりは「聞く」が、社会学における「調査」の基本であり、社会学の根幹的な技法になります。

しかし、あとで詳しく述べるように、その「聞く」には、直接人に話を聞くというだけでなく、さまざまな「聞く」が含まれます。たとえば、書かれている言葉を聞く、つまりは文献・資料を調べることも当然含まれますし、さらには、言葉で聞いて数値としてまとめること、つまりはアンケート調査（質問紙調査）もそこに入ります。

ソロモン諸島の経験から

一九九〇年代から二〇〇〇年代にかけて、私は南西太平洋の小国、ソロモン諸島で調査をしていました。年に二度ほど、ソロモン諸島マライタ島の小さな村に数週間ずつ滞在して、調査を続けました。

ソロモン諸島の村は、熱帯林近くに形成されていて、焼畑での自給自足的な農業生産を中心に生活が営まれています。一九九二年に最初にソロモン諸島を訪れたとき、私は、環境問題を考えたいとか、発展途上国の開発の問題を考えたいとかいった「研究目的」をもっていましたが、それはいかにも漠然としていました。そもそもソロモン諸島の村がどんなところかもよくわからなかったのですから（もちろん論文や資料はたくさん読んでから行きましたが）、どういう問題に焦点を当てるのかをあらかじめ決めるのは禁欲すべきだろうと考えました。もちろん、何らかの視点がないと、そもそもどこに行ってよいのか、何を見ればよいのかわかりません。しかし前もってテーマを絞ってしまうと、大事なことが見落とされてしまう危険があります。

私は村の住民の家に居候させてもらいながら、まずは人間関係づくりをし、村で繰り広げられるさまざまな出来事を見聞きし（参与観察）、またときに応じてゆっくり話を聞きながら（インタビュー調査）、「考えるべき大事なこと」を少しずつ浮かび上がらせようとしました。私がいた村は、ソロモン諸島の中で最大の人口を誇るマライタ島という島の中にあり、そこで話される一二のマライタ諸語のうちの一つ、ファタレカ語が話されている村でした。ファタレカ語はなかなかマスターできませんでしたが、ソロモン諸島

パプアニューギニア
ソロモン諸島
マライタ島
インドネシア
ガダルカナル島
オーストラリア
ニュージーランド

の共通語であるピジンはわりあい早く習得できたので、このピジンで住民たちとの会話を続けました。

対話的に社会認識が進む

住民たちと会話をつづけた結果、自然資源との関係、現金経済とのつきあい方、土地をめぐるいざこざ、といったことが「人びとが大事だと考えていること」として浮かび上がってきました。もちろん「人びとが大事だと考えていること」はそれだけではなかったと思いますが、私自身の漠然とした関心や規範との対話の中で、これらが浮かび上がってきたのです。そしてそれがそのまま私の研究テーマとなります。

見たり聞いたりすることで、ソロモン諸島の村落社会、あるいはそれをとりまくもう少し大きな社会がどうなっているのかが徐々に見えてきたのです。この「どうなっているのか」は、客観的にどうなっているのか、というより、人びとがどうとらえているのか、そして、それを私の側の意味世界と対話しながらどう表現するのがよいのか、ということです。そうした社会認識が進むプロセスが、ソロモン諸島における私の調査でした。話を聞く、人びとの会話を聞く、人びとのふるまいを見る、そうした社会学における調査は、社会認識プロセスそのものであり、知識生産の現場です。調査は社会学の手段というより、社会学そのものだとも言えるでしょう。

もし私が、「自然資源利用と地域社会のルールとの関係について」といういくらか限定されたテーマを村に行く前に決めて、細かい調査項目を用意していったらどうなったでしょうか。おそらく村について一面的なことしかわからなかったでしょう。実際、私も、調査がまだ十分に進まないうちに細かい質問項目を作って世帯調査を試みたことがありましたが、それは結局のところほとんど役に立ちませんでした。もちろん質問票に記入してもらって集計をすれば何らかの「結果」は出るのですが、「大事なこと」は浮かび上がってこなかったのです。

私は異文化であるソロモン諸島の調査で、「対話的に社会認識が進む」ということを体感として感じることができました。相手の意味世界を自分の意味世界とぶつけながら私は探っていこうとしたのですが、これがうまく「ぶつから」ないのです。異文化で研究する人がよく感じることだと思いますが、うまく「ぶつから」ず、ズレるのです。ズレまくります。そのズレをお互いに修正したり（相手もしばしば、こちらがわかるように自分で解釈し直して話してくれたりもします）、ズレそのものから何かがわかったり、ということを繰り返す中で、ゆっくりと認識が進みます。あるとき「わかった！」と思うことがあり、またあとでその「わかった」が認識不足だということがわかってさらに修正したり。そういうことの繰り返しでした。

対話の試行錯誤

ズレまくった話の一つは、「土地所有」についてでした。

ソロモン諸島の村落地域は焼畑が生活の中心ですし、また、その奥の熱帯林から得られるさまざまな自然資源も大事だということは、少し滞在すればわかることです。そうした「土地利用」の社会的な側面について関心をもてば、当然「土地所有形態」が重要になってくるだろうことは容易に想像がつきます。つまり、誰が土地をもっているのか、です。先行研究では、ソロモン諸島の多くの土地は氏族（クラン）の所有、いわゆる慣習法的土地所有になっているということでしたので、私もそれに従って調査を進めます。

しかし、その土地所有について、住民たちに聞けば聞くほど、いろいろわからないことが出てきます。私の調査地周辺の土地は、誰に聞いても、ある一人の個人の所有になっているということでしたし、もう少し突っ込んで聞くと、それは裁判でそう決まっているのだ、という話でした。想定した答えと違うもので、それを「慣習法的土地所有」と理解してよいのかどうかよくわかりませんでした。さらには、その人一人の所有だとは言うものの、村人たちはそこに住み、比較的自由に土地を使って畑を開いたり、自然資源を利用したりしています。人びとの土地の「所有」は、とても多面的で、もっと言うと多義的なのです。

いろいろ聞くと、いろいろな答えが返ってきます。そうすると私も「あれ、土地所有ということ自体があまり大きな意味をもっていないのかな」とも考えます。たしかにそうとも見えます。しかし一方で、私の調査地周辺はとくに土地の所有をめぐって争いごと（土地争い）がとても多く、裁判が頻発していることがわかってきました。土地所有はやはり人びとにとって大事なことなのです。しかしその大事な「所有」も、私たちが考える「所有」、つまり「所有権」というものとはだいぶズレているのではないかということも少しずつ見えてきます。彼らも、ときに私にわかりやすいように、西洋的な文脈に直して説明してくれたりもします。しかし、彼ら自身の「説明」が実態に合っているかどうかも、わからないのです。

そういう対話の試行錯誤からわかったことは、まず第一に、ソロモン諸島における（正確には私の調査地のマライタ島における）土地所有は、親族集団による共同所有を軸としながらも、所有や利用が折り重なっている重層性を帯びたものだということでした。さらに第二に、したがってその「所有」というものは近代的な「所有」概念とは異なり、柔軟であいまいな社会的なしくみだということです。そして第三に、その所有のあり方も、それについての人びとの解釈も、歴史の中で変化している、場合によっては日々変化している、ということでした。何か一貫した制度として「土地所有」がある、と考えていた私には、このあいまいさ、ダイナミズムこそが大きな発見でした。

お互いにズレまくり、しかし、そのズレが徐々に修正され、こういう「説明」が妥当ではないかというものがゆっくりと浮かび上がってくる、というのがソロモン諸島における私の「土地所有」についての認識でした。社会認識とはそうした対話的なプロセスからゆっくりと生まれるものなのだ、ということを私はソロモン諸島で痛いほど学びました。

このように、「対話的に聞く」といういとなみは、それ自体が、社会認識であり、知識生産でもあります。その意味で、「対話的に聞く」ことこそが社会学そのものだとさえ言えます。聞いてデータを集めて、そこから社会学が始まるのではなく、聞くこと自体が社会学といういとなみなのです。

前章の最後に、規範の物語としての社会学には根拠が必要だと書きましたが、この「根拠」は、いわゆる「客観的なデータ」という意味での根拠ではありません。きちんと対話的なプロセスを経た「データ」を得ているかという意味での根拠なのです。社会学におけるエビデンスはそこにかかっています。

社会学は全体性を手放さない

そうやって聞く作業を広げながら対話的に認識を深めていくとき、社会学が常に心がけるのは「全体性」への志向です。

社会学とは、人びとにとって大事だと思われることについて、データにもとづいて考えることだ、とするとき、その「考える」範囲、データを集める範囲を狭めてしまうことは、考えなければならないことを諦めてしまうことになりかねません。範囲を狭めることで考えやすくなったり、議論しやすくなったりすることはあるでしょうが、しかし、その場合、大事だと思われることについてしっかり考えたことにはなりません。

ソロモン諸島の村で「自然資源と地域社会との関係」について考えたいとしましょう。そのとき、最初からその問題設定をせばめて、「自然資源の利用にはどんなものがあり、そうした利用にどういう地域組織によるルールが課されているか」といった限定的なテーマに置き換えてしまうことは、考えたいことの全体性を損ねかねません。通常の科学では、問題設定を操作的に置き換える、というのは科学的な方法として推奨されるのですが、社会学では、すくなくとも最初はそれをしない、ということに特徴があります。

というのも、「自然資源と地域社会との関係」を対話的に考えようとすると、「自然資源利用のリストとそれぞれの自然資源の地域組織によるルール」をはみ出すような話に必ず出会います。それを捨象しないということです。人びとの生活の全体性の中で自然資源利用がどうなっているのか、も捨象しない。そうやって、人びとが大事だと考える問題について、その全体をとことん追求する姿勢こそ、社会学の姿勢です。「全体性」を手放さないとすると、「対話的に聞く」対象はさまざまに広がらざるをえません。

ソロモン諸島の村で自然資源や土地の問題が対話的に浮かび上がってきたとき、私は、資料を求めて裁判所で裁判官にインタビューし、裁判記録を見せてもらいました。土地問題での裁判が頻発しているということが大事な話だということを知ったためです。また、関連する地元新聞の記事を集め、国立公文書館で文書を集めました。当初そんな資料探しをすることになるとは思っていなかったのですが、「全体性を手放さない」姿勢からは、その作業がどうしても必要でした。

社会学は、その性格上、どんなテーマであれ、多様なデータを相手にせざるをえません。しかも多くのです。しかもそれぞれバラバラな形態のものをです。インタビュー、観察、資料・文献、統計、地図、写真、そしてアンケート調査など、雑多な調査技法を駆使します。雑多な調査データを対話的に集め、読み、分析します。とても地味な作業です。研究方法の地味さ、データの多様さは、社会学の大事な部分です。

一見雑然と見える社会学の調査について、方法別にもう少し詳細に踏み込みながら、その意義について考えてみましょう。それぞれの調査方法の中に、社会学の社会認識の特徴が浮かび上がってくるはずです。

インタビューは認識を更新するプロセス

今日の社会学の軸をなすものは、フィールドワークです。フィールドワークという言葉は、どこか遠いところに行って調べる、というイメージがあるかもしれませんが、遠いか近いかは問題ではありません。どこかの土地、どこかの人びと、それが遠くても近くても、またどんな現場でも、その中で調べるのがフィールドワークです。意味が集積した現場の只中《ただなか》で調べるのがフィールドワークです。

フィールドワークは、インタビューや観察、資料探索などが含まれる複合的な調査技法ですが、その中心はインタビューにあると考えられますので、まずはそれから考えてみましょう。

インタビュー（聞き取り）というのはとてもおもしろい作業です。私自身、若いときから調査と言えばインタビューばかりを繰り返してきました。

何かを聞きたくてインタビューするのですし、インタビューする前には「こういうことについてお聞きします」と伝えておくのがよいのですが、一方で、その予定のままにいかないのがインタビューのおもしろさであり、また、そこにインタビューという技法の核心もあります。

質問項目をある程度決めてから始める、というのは、インタビューの前に何らかの意味把握、つまりは社会認識があるということです。その認識は、読んだ文献・資料からだったり、それまでに行った別のインタビューからだったり、そうしたものから対話的に得られた暫定的な認識です。その認識をもとにして、さらに認識を発展させるために「聞く」という作業に私たちは踏み込みます。しかし、事前の認識にもとづく質問項目がそのまま通用するわけではありません。こちらが聞くことと相手が話すことの間には必ずズレがあり、そのズレをお互いに修正しながら話が進みます。聞いている最中に認識の枠組みを相互に軌道修正しながらインタビューは進みます。それがつまり意味世界と意味世界がぶつかりあう、相互に影響しあうということであり、つまりは「対話的に聞く」ということです。

聞いている最中に認識の枠組みを軌道修正する、状況に応じた質問を新たに発する、ということは、私たちはインタビューの最中に「分析」を行っているのだということです。相手の発話を分析し、それによってこちらの認識を更新し、こちらの新たな発話を繰り出します。相手との対話から、「〇〇という言い方をしたということは、〇〇への不満が小さくないことを示唆しているな。とすれば、こちらが想定していた〇〇の問題ではなく、むしろ〇〇の問題かもしれない。それを確認するにはもう少し〇〇について話してもらうとよいだろう」などと分析をしながら聞く。それがインタビューです。「対話」的に進める、というのは、単にボールをお互い投げ返すことではなく、そのボールの質がどんどん変わっていくということです。

このように、意味世界同士のぶつかりあいが直に体験できるのがインタビューであり、分析を同時並行的に行いながら社会認識を更新していく作業がインタビューです。決して、ただ相手が話すことをそのまま記録するのがインタビューではありません。その意味で、インタビューは、社会学の社会認識プロセスそのものをぎゅっと凝縮したミクロな社会学的いとなみとも言えるでしょう。

というととても難しそうに聞こえますし、実際インタビューは思いのほか難しいのですが（数十年インタビューばかり行ってきた私はなおさらそう思います）、しかし一方で、今述べたような意味世界と意味世界とがぶつかりあいながら認識を更新していくという作業は、実は、私たちがふだんのコミュニケーションにおいて行っていることでもありません。私たちは人と話すとき、お互いの情報をただ交換しているのではありませんし、お互いに独り言を言いあっているのでもありません。相手が言うこととこちらが言うことをぶつけ合いながら、認識を新たにしつつ、そこから何か（新たな行動指針や感情など）を生みだそうとするプロセスが私たちのふだんのコミュニケーションです。ですから、それは、社会学におけるインタビューとかなり近いのです。社会学の「ふつう」さがここにも現れています。

ライフストーリーを聞く

ところで、インタビューは一人の人を相手にすることが多く、そのとき、常に、とまでは言いませんが、多くの場合、その人のライフヒストリー（生活史）を聞くことになります。ライフヒストリーそのものを主題として聞く場合もありますし、何らかのテーマ（たとえば独居老人がかかえている生活上の困難といったテーマ）について聞くときの横糸としてライフヒストリーを聞くこともあります。家族、仕事、コミュニティ、病気、そういったさまざまなテーマにかかわる経験や思いを、その人が歩んできた道（ヒストリー）と合わせて豊かに語ってもらうとき、それはその人のライフ（生）のストーリー（語り）となります。ライフストーリーを聞くことは、社会学における認識プロセスのコアの一つです。

たとえば、私は、長崎のある地域の漁業史をライフヒストリーから描いてみたことがあります（宮内・金城達也「ライフヒストリーから見るイワシ産業の地域史――長崎県雲仙市南串山町の事例から」）。イワシ産業が基幹産業であるこの地域の社会史を描くにあたり、文献・資料だけでは十分なことがわかりませんでしたので、関係者一一名に延べ一七回のインタビューを繰り返しました。いつ何隻の船がどんな操業をしていたのかといった「客観的」な情報はもちろんですが、むしろ、そのときどきで何が重要な出来事だと認識していたのか、何を考えてどう行動したのか、といった語り（ストーリー）を多く収集しました。

インタビューを繰り返す中で、個人の中の生きられた「歴史」、個人の中の「社会」が対話的に浮かび上がってきます。一一名の方の話は、資料に書かれていたこととも響き合いながら、何らかの「事実」に行き着くと同時に、多様な認識も浮き彫りになってきます。複数の事実が存在するのです。それらとの対話から私の社会認識が進み、そこから、一つの作品として論文を書きました。論文では、イワシ産業にかかわった二人の人物（おもしろいことにこの二人は同級生でした）のライフストーリーを軸に地域漁業史を描きました。

その一人Tさん（一九三四年生まれ）は、戦前ユリの球根の買取りを行っていた問屋業の家の四男として生まれました。日本のユリは当時欧米で観賞用としてたいへん人気で、その球根は戦前日本の重要な輸出商品でした。戦後、Tさんの家は、商売替えをしてイワシ漁業に乗り出し、のちにTさんがそれを引き継ぎます。引き継いだ後Tさんはすぐに、乗組員との関係、加工業者との関係を革新し、また、機械化、規模拡大に乗り出します。「私は、どうすれば魚が獲れるかということの一段上に、どうすれば生き残れるかということを置いてきました。親が残した仕事がいちばんよい、というような状況を作り上げておかなければと考えました」、とTさんは語ります。Tさんにとってのイワシ漁業は、家業継続戦略の色彩が強かったことがわかります。

一方、Tさんの同級生Uさん（一九三三年生まれ）は、農家の生まれでしたが、中学卒業後いろいろな仕事を経て、親戚に誘われる形で小規模な煮干し加工場を始めます。同時に、提携先のイワシ漁業者の船にも乗務員として乗ります。そうした形がこの地域の漁業者と加工業者との典型的な関係でした。Uさんはそこでいったん農業を「捨てる」のですが、しばらくしたのち農業を兼業として再開します。農家出身でもともと資本もないUさんは、その時代時代の状況に合わせて生業の組み合わせを変えてきたのだということがわかります。

二人のライフストーリーからは、この地域のイワシ産業の変遷の背景にある、漁業者と加工業者との切っても切れない関係（とその変化）、地域農業との「競合」関係、さらにはそれぞれの世帯の生業戦略の違いなどが浮かび上がってきました。

個人の中の複雑な社会を聞く

なぜ個人に焦点を当てて、そのライフストーリーを聞くことが社会学において重要な位置を占めているのでしょうか。

インタビュー調査をライフストーリーを軸として行うことの意義は、一人の個人というものが全体の中の一つの「点」なのではなく、社会的な「関係が複雑に集積する〈場〉」（佐藤健二『社会調査史のリテラシー』）なのだということです。個人の「ライフ」そのものが探究すべき豊かなフィールドなのです。社会の構造の「コマ」として個人を見るのでなく、個人のストーリーの中に複雑な社会そのものを見ようとするのです。個人の中の重層性、複雑さ、あるいは個人の創発性を見ること自体が、そこから「社会」を経由せずとも、それだけで、現代社会学の目的である「人びとにとって大事だと思われることについて、データにもとづいて考える」いとなみになりえるのです。

人類学者の松田素二は、このあたりを、他者との境界のはっきりした近代的な個人とは違う、「部族的セルフ」を見ることの重要性として議論しています（松田素二『日常人類学宣言！』）。松田はアフリカ研究者なので「部族的セルフ」という表現になっていますが、要は、近代的な個人とは違う「個人」、合理的な思考をする「主体的」な存在としての個人とは違う「個人」のあり方を示す言葉です。この「部族的セルフ」は、複雑さや創発性をもった個人であり、しかし、他者から独立しておらず、社会とたえず相互作用している個人です。固定的な社会と、境界線のはっきりした固定的な個人とを、分けて考えるのでなく、また両者の固定的な相互作用としてみるのでもなく、それぞれが重層的で流動的なものとして見るのです。このような意味での「個人」に注目することは、社会学や人類学だけでなく、近年歴史学でも起きています（長谷《はせ》川貴彦《がわたかひこ》編『エゴ・ドキュメントの歴史学』、槇原茂《まきはらしげる》編『個人の語りがひらく歴史』）。

「個人」の復権は意味の重層性の復権でもあります。多様で重層的な「個人」とダイナミックな社会が複雑に作用しあっているのであり、それを私たちは個人に、ライフストーリーに見るのです。

このように、社会学において個人を扱うのは、経済学が個人の「合理的」な行動に注目するのと真逆で、個人の中の複雑さに注目するからです。だからこその「ライフ」でありライフストーリーです。

観察という「聞く」

インタビューが社会学の調査技法の中心に置かれるとは言え、もちろんそれだけが社会学の調査ではありません。

直接話を聞くというのは、効率のよいデータの集め方です。相手が「きのう何を食べたか」という、実際に社会学者が経験していない事実を、聞くことによって知ることができるのです。しかし、聞けばすべてがわかるわけではありません。当然ながら、本人が意識していないことや言葉にできないことがあります。

本人がわからないことを知る有力な調査技法として浮かび上がってくるのが観察です。相手が別の誰かと話しているときにどういう表情をしていたか、あるいは、どんなため息をついていたかは、あとで本人に聞いてもわかりません。それは見ること、観察することによってわかります。日本海でウニを獲る漁師さんたちがいったいどんな漁をしているのかは、話を聞いただけではよくわかりません。実際に見てみるとわかります。しかも、近くで見れば見るだけわかります。自分でも実際にやってみるともっとよくわかります。

社会学における観察は、自然科学における観察、たとえば気温の測定とは違って、対話的な行為を含みます。

観察してわかりたいことは、何が何メートル、何が何キログラムということではなく、そこで繰り広げられている「意味」です。ですから、社会学における観察は、最初から何に注目して観察するということが決まっていません。ボランティア活動に従事する市民を観察する社会学者は、そこに居合わせながら、何に注目すればよいのかを考えます。そこで繰り広げられるすべてを記録することはできませんし、意味がありませんから、たとえば、そこでかわされる会話に注目しようとします。会話を聞いていると、あるトピックについて頻繁に話されていることに気がつきます。そのトピックについて別の人はどう話しているのかにまた注目します。あるいは、どうもボランティア活動をコーディネートしている人と参加している人との関係が焦点になりそうだと考え、そこに注目してみます。また、参加者の中でなんとなくできているインフォーマルなグループに注目して、その中で交わされている会話やふるまいに注目します。と、そうやって、何に注目して何を記録すればよいか、また、注目した結果何がわかったのかを考え、試行錯誤しながら観察をつづける。つまりは対話的に観察する、対話的に意味を探りながら観察する。それが社会学における観察です。観察もまた広義の「聞く」いとなみなのです。

したがって、聞きながら観察する、という方法はさらに有効な方法になります。ウニ漁の漁師さんを観察するときも、見るだけでなく、聞いてみることでより立体的にわかります。漁師さんの動作について、なぜそういうことをしているのかわからないときに、聞いてみると、その動作の「意味」がわかります。

観察するときは、記録をつけます。社会学における観察記録は、「何名」だとか「何時」だとかいった「客観的」な記録も含みますが、多くは、発見の記録です。分析の記録と言ってもよいかもしれません。見て、ときに聞いて、あるいは感じて、何か見えてきたこと、その多くは小さなことでよいので、何かしら発見したことを記録します。ウニ漁の漁師さんの観察記録だと、「そうか、こういう道具の使い方をするのか」とか「こういう順番で作業を行うのか」、あるいは「このくらいの時間をかけるのか」といった小さな発見をどんどん記録していきます。観察したときこちらが何を思ったのか（たとえば「作業手順が意外に複雑なんだなあ」）、何を考えたのか（「この作業手順は一見効率が悪そうに思えるが、何か理由があるのだろうか」）も記録します。明確に「発見」と言えなくても、何か気になる点、あとから大事になるかもしれない点も記録します。それも「発見」なのです。そして、発見したことがらについて、ただ発見したそのときだけでなく、継続的に記録します。ウニ漁の漁師さんの「道具の使い方」について発見があったなら、その道具の使い方を一度だけでなく、継続的に記録します。分析・発見とそれにもとづく反復的な記録が観察だと言ってもよいでしょう。

文献・資料調査という「聞く」

「対話的に聞く」ことが社会学の根幹なのだから、インタビューや観察を中心としたフィールドワークが中心に置かれるのは当然です。しかし、社会学では意外にというべきか、文献や資料を調べることも多いのです。むしろ、文献や資料を調べない社会学の研究はまずありません。

　ある歴史的建造物の保存の問題について研究したいとしましょう。その建造物についでは、歴史的な価値があるものだし、ぜひ保存してほしいという人びとがいる一方で、では誰がその維持費用をまかなうのか、歴史的な価値って何なのか、そんなに大事なのか、といった声も聞かれ、自治体もどうすればよいのか考えあぐねています。対立、というほどのものではありませんが、意見の相違があり、また誰もが納得する保存方法や財政的な裏づけがあるわけでもなく、なかなか難しい問題を抱えています。そもそも関心のない住民が大多数です。そんな「問題」はどう問題なのか、どういう解決策があるのか、そうしたことを「考えるに値する大事なこと」と考えたあなたは、それについて徹底的に考えたい、できれば何らかの解決策を考えたいと思いました。

　その建造物について書かれた昔の資料や写真、場合によっては図面、また、保存問題をめぐっての動向が書かれた新聞記事、そういったものをできるかぎり網羅的に集めて読みます。さらには、その建造物が建てられた当時にその地域の人びとがどういう生活をしていたのかを示すような資料、その後の人びとのかかわりがわかるような資料、そういうものがないか、探します。また、その建造物について論じていたり、少しでも触れている本、論文、あるいは報告書はないか、とも探します。さらには、似た問題がある別の地域の歴史的建造物についての論文も集めてみます。

調べる資料や文献は最初から決まっているわけではありません。とりあえず関係ありそうなものから入り、それを読み込み、分析し、そこからさらに関連する資料・文献がどういうものであるかを考えます。文献・資料調査もまた対話なのです。

付け加えると、資料のありどころを探す行為自体が、社会学的な研究においては重要です。探すこと自体が、フィールドワークでもあり、資料調査でもあります。探すことと読むこととは一体のものです。

資料や文献は誰かが書いたものです。書かれていることとは、客観的な事実というより、誰かが見出した「意味」の束です。その意味とこちらの意味をぶつけ合うのですから、これはインタビューにとてもよく似ているとも言えます。もちろん相手は活字で固定されていて、人間相手のようにこちらの質問に直接答えてくれるわけではないのですが、それでもそこからどういう「意味」を読み取るかは、やはり対話的な行為だと言えます。「どうしてそこに目をつけて記録しているのだろうか」と考えながら読むことで、そこに書かれている「意味世界」が浮かび上がってきます。どういう文献・資料を探すのか、資料のどこに注目して読むのか、そういうこちら側の目線を柔軟に動かすことで、相手は対話の対象となります。

統計調査という「聞く」

文献・資料調査の特殊な形態として、統計を調べるということがあります。誰かが調べて書かれたものが文献・資料だとすれば、統計は、誰かが調べて数値化して書いたものです。そのほとんどは政府が作成したもので、国勢調査、家計調査、住宅・土地統計調査、労働力調査、農業経営統計調査といったものがあります。政府の統計ポータルサイト e-Stat には七〇〇以上の統計が収録されています。その他に、研究機関、業界団体等で作られた統計もたくさんあります。

統計は数字の羅列ですが、その統計がどうとられたのか（たとえば全数調査なのかサンプル調査なのか）、また、そこに示されているカテゴリーはどういうものか（調べたいものとぴったり一致しているかどうか）などに注意しながら、数字を拾っていきます。数字群を加工したり、圧縮したり、あるいはグラフなどにしてみながら、そこから何が見えてくるのかを考えます。これもやはり対話なのです。

たとえば、ボランティア活動にたずさわる人たちについて何か統計がないかと考えたとしましょう。いろいろ探すと、政府（総務省）の「社会生活基本調査」という統計に、ボランティア活動の実態についての数字があることがわかりました。

まずこの統計がどういう調査による統計なのかを確認します。無作為抽出された約九万世帯一九万人を対象に、学習、スポーツ、ボランティア、旅行、そして仕事の実態について幅広く聞いたものだということがわかります。その中でボランティアについて聞いた項目の統計表を見て、たとえば、「どんなボランティアにどんな人たちが参加しているんだろう」ということを探ってみます。「どんなボランティアか」については「健康・医療、高齢者、障害者、子ども、スポーツ・文化、まちづくり、安全な生活、環境、災害、国際協力」という分類になっています。それぞれどんなものが含まれているのか、そして、この分類がそもそも妥当なのかといったことも考えながら、数字を見ていきます。年齢やボランティア日数とそれぞれの分類のボランティア活動とがクロス表になっていますので、それを見ながら、年齢とボランティア活動とは関係しているだろうか、などといったことを考えながら統計を見ます。表が大きすぎて見通しが悪い場合には、数字を集計して小さい表を作って考える、という方法も有効です。

統計に表れる数字はとても雑然としています。そこからさまざまな疑問を投げかけながら、何らかのことを読みとっていくのです。

アンケート調査という「聞く」

対話的に「聞く」ことによって社会認識を深めるという社会学の技法の中で、実はやや特異な方法論でありながら、ときに効果的な方法論として位置づけられるのがアンケート調査です（なお、ここで言うアンケート調査は、無作為抽出などによって選ばれた回答者に、主に選択肢で答えてもらう調査のことで、より専門的には質問紙調査と言います。「〜について知っていることがあれば何でも書いてください」などと聞いて文章を書かせるたぐいの「アンケート」は、ここでは含みません）。

社会学におけるアンケート調査とは、主に何らかの社会的なカテゴリーについての定型的な質問、たとえば「○○に満足しているか」、「どんな趣味をもっているか」、「悩みを相談するのは親か、兄弟か、友人か、先生か」といった質問を、適切なサンプリングを経た多くの人に行うものです。そしてその答えを数値化し、統計学的な分析を加えて何らかのことを発見しようとする調査です。アンケート調査における質問は言葉によるものであり、それをあとで数値に変換するのです。自然科学における数値とはもともと違うものです。

意味の複雑な連鎖である社会を対話的にとらえようとする社会学において、アンケート調査は、なかなか難しい問題をかかえます。そもそも複雑で多義的な社会について、何らかの側面を意図的に取り出して、主に選択肢で聞くわけですから、いろいろなものをそぎ落としているわけです。しかし、あえていろいろなものをそぎ落として単純化・数値化することでわかることもありますし、何よりたくさんの回答を集められることはやはりメリットです。

とくに、社会的に安定したカテゴリーについて扱う場合に、アンケート調査は有効に働きます。たとえば、「夫の家事労働」について、どの程度行われているのか、夫婦間でそれについての認識の差はどのくらいあるのか、共働き夫婦とそうでない夫婦の間でどう違うのか、世代によってどういう違いがあるのか、といったことを知りたいと思えば、アンケート調査は有効な手段になるでしょう。「夫の家事労働」「共働き夫婦」「世代」はどれも安定したカテゴリーであり（そのカテゴリーそのものを疑うところから始めることはとりあえず必要ないと考えられます）、また問おうとしている問題も最初から明解で、それらは聞かれる側とも容易に共有できるものです。しかも、たくさんの人に聞けば聞くだけ、わかりたいことがわかります。こういう場合はアンケート調査です。

この「夫の家事労働」のアンケート調査の例からわかるように、社会学におけるアンケート調査は社会的なカテゴリーについて言葉で聞くものです。つまりは、インタビュー調査と同じように「意味」を集めるものです。その「意味」が安定したものであれば、聞き方も答え方も定型的なものにしやすく、したがってアンケート調査という組織的な形式が適用できます。

アンケート調査にも対話プロセスが必要

とはいえ、「意味」が本当に安定しているのかには十分注意しなければなりません。「夫の家事労働」「共働き夫婦」は安定したカテゴリーだと書きましたが、家族のあり方や雇用のあり方が違う文化では、それらは安定したカテゴリーではない可能性がありま す。調査する側が勝手にカテゴリーや選択肢を決めるのでなく、予備調査等を十分に行うことによって、相手の意味世界に合致するかどうか、その妥当性を検証する必要があります。安定したカテゴリーだとしても、それをどう聞くことがリアリティに沿ったものになるかは、やはり十分な事前検証が必要なのです。

最初は見当違いの質問になってしまう、というのはインタビュー調査でもアンケート調査でも同じことです。インタビュー調査だとその場で対話的な練り直しを行うことができますが、アンケート調査は、質問票を作って実施しはじめたら途中で修正することができませんし、聞きながら深めるということもできません。ですから、その分、十分な事前検討や予備調査などの「対話プロセス」を済ませておかなければいけません。

「対話」プロセスがやはりアンケート調査にも必要なのです。それをしないで、自分の勝手な判断で質問事項や選択肢を作成したのでは、意味のあるデータを獲得することはできません。インタビュー調査や、先行研究の十分な検討を行い、さらには、こういう質問とこういう質問をうまく組み合わせることでこんなことがわかるはずだといった質問事項の構造化を十分に検討すること、そうした「対話」の上で、暫定的な質問票を作成します。

ですから、アンケート調査は、それ単独で調査研究が終わるということはおよそありません。聞き取りや観察、資料調査などと組み合わせ、ここぞというときに打ち出す技法だと言えるでしょう。

社会学は「聞く」の組み合わせ

話を聞く、観察する、文献・資料や統計に「聞く」、そしてアンケート調査を媒介に聞く。これらは実のところ、社会学のいとなみの中では、一直線上のものだと言ってよいでしょう。そこに共通することは「意味」を集めるということであり、対話的なプロセスだということです。

複雑さの中の社会認識である社会学にとって、聞いて「意味」を集めることが中核的な技法になります。そしてその「聞く」は、インタビュー、観察、文献・資料、統計、アンケート調査などを組み合わせながら順応的に遂行します。そうした地道なプロセスの中で社会認識を深めていくのが社会学における調査であり、それこそが社会学そのものだとも言えます。

そうやって社会認識を深めながら雑多に集めたものが社会学における「データ」です。では、集めた「データ」はどう扱えばよいのでしょうか。それを次章で考えてみたいと思います。

第4章

社会学は泥臭い分析技法を手放さない――圧縮して考える

データ集めと分析は同時並行

社会学とは、しっかりしたデータにもとづき、何らかの社会的に大事なことを発見するいとなみです。

この「しっかりしたデータ」と「大事なことを発見する」との間にあるものが、「分析」です。データを集めたら機械的に何かがわかるということはありません。データをもとに考えるというプロセスが必要になります。つまり、分析するとは、いちばん簡単な表現をするならば、データをもとに考えて何かを発見することです。

しかし、まず大事なこととして、社会学においては、この「データを集める」ことと「分析する」こととの間が分断されていません。両者は一体のもの、あるいは連続したものです。

社会学では、それが聞き取りだろうが、観察だろうが、文献調査だろうが、意味と意味をぶつける対話によってデータを集めるのだということを第3章で述べました。この対話的なプロセスには必ず「分析」が埋め込まれています。

インタビュー調査という対話的な調査方法について考えてみましょう。第3章でも触れたとおり、インタビューは単なるQ&Aではなく、インタビューの最中に分析をしながら認識を更新していくプロセスです。

たとえばある職種の人に、その人にとっての労働の意味を聞きたいとしましょう。最初はその人の一日の仕事内容などから聞いていき、その中で特徴的なことがらが見つかったら（たとえば精神的な負担がかかりそうなことがらが含まれているとか、単純作業が続くとか）、それがその人にとってどういう意味をもっているかについてどう聞くのがよいか考え、それに沿って聞きます。「特徴的なことがらを見つける」ということはすなわち「分析」です。インタビューは「質問する―相手の発話―分析―質問する」の繰り返しであり、瞬時に分析しながら認識を更新していく調査手法です。

観察という、社会学において重要な調査手法においても同じことが言えます。第3章で述べたように、観察は、分析や発見をしながら行います。ボランティア活動を観察するときも、漁師さんの漁を観察するときも、この人とこの人はどうも特別な関係にあるらしいとか、ああこういうことを話しているんだ、といった小さな分析を繰り返しながら観察します。見て分析し、それをもとにまた見て、分析し、さらにまたそれにもとづいて見る、ということの繰り返しが観察です。

文献調査についても同じことが言えます。調べるべき文献は最初から決まっているわけでなく、一つの文献に書かれていることを分析することで、次に読むべき文献がわかります。

一つひとつのインタビュー、観察、文献調査というミクロな調査の中に分析が含まれているということは、つまり調査プロセス全体を通して分析が続いていくということです。問題設定をして、データを集めて、そのあとに分析が始まるのではなく、問題設定、データ集め、分析は並行して進むのです。

小さな分析と大きな分析、というふうに二つに分けて考えておくと便利かもしれません。データ収集中にその都度その都度行われる小さな分析と、そうした「小さな分析を含んだ調査」の結果集まった多くのデータを対象に行われる大きな分析とがある、と一応分けておきましょう。

以下では、大きな分析のことを中心に、それをどうすればよいか考えてみましょう。

小さな分析は、その場その場で、直観的に、あるいは逆に定型的に行われることが多いのですが、大きな分析は、データが大きい分、いろいろな工夫が必要になります。もちろん、その多くは小さな分析にも適用できる話です。そもそも小さな分析と大きな分析は、そんなに簡単に分けられるものではありません。

分析の基本は「圧縮」

さて、あらためて、分析とは何でしょうか。

分析とは、データをもとに考え、何らかのことを発見することです。

何を発見すればよいのでしょうか。社会学において発見すべきは、何かしらの「大事なこと」です。しかし何が大事なことなのかは最初から決まってはいないでしょう。どこに本当に大事なことが存在しているのか、そのこと自体をデータを見ながら考える必要があります。

膨大な聞き取りデータ、膨大な観察記録、さらには多くの資料、文献、統計データ、そしてアンケート調査結果など、山と積もったデータがあなたの目の前にあります。一瞬、途方に暮れそうです。途方に暮れないで、がんばって何か大事なことを発見するためにはどうすればよいでしょうか。

多くの研究者が行ってきた、最も有効かつ本質的な方法は、「データをぎゅっと圧縮して見通しのよい形にした上でいろいろと考える」ということです。

たとえば、あなたはメガ・ソーラー（大規模な太陽光発電施設）が地域住民の反対を受けている問題について調べたとしましょう。事業者、自治体、さまざまな地域住民、専門家など合計二〇名の関係者に話を聞きました。それぞれの話はたいへん多岐にわたり、そこから何が言えるのか、問題をどう解決できるのか、簡単には言えないことがわかります。しかし、簡単には言えないけれど、解決へ向けて何か言いたい、とあなたは考えます。聞いた話、さらには、調べた資料・文献をもとに総合的に考えたい、と思います。そのとき、どうすればよいでしょうか。

集めた聞き取りデータや資料データは、どれも不定型です。全部をグラフにできるとか、すべて統計学的な分析にかけられるとかではなさそうです。

そこでたとえば、この二〇名に聞いた話すべてを一人あたり一〇枚の紙に細かいフォントでぎっしり印刷し、合計二〇〇枚のその紙を床に広く敷き詰めたとしましょう。そのまま並べると、数メートル四方くらいに広がります。さて、その全体を見ながら考えることは可能でしょうか。もちろんこれでは、全体の中身を一挙に見渡すことは不可能で、結局一枚一枚に顔を近づけて細かい字を読まなければなりません。見通しが悪すぎて、「考える」にはどうも不適です。

そこで、今度は、膨大なデータの部分部分を短い文章にまとめてみて、一〇センチメートル四方くらいのカードを作りました。Aさんが話した中から大事な点である（と発見した）ポイントについて短い文章にして大きめの文字でカードに書きます。Aさんについて二、三枚のカードを作り、同様に他の一九人についても二、三枚ずつのカードを作ります。この問題を追いかけた新聞記事からも、聞いた話からは出てこなかった大事な話があることを見つけ、それもカードにしていきます。資料からもカードを作っていきます。そうやって、膨大な聞き取りデータと資料データは、五〇枚くらいのカードに「まとめる」ことができました。

五〇枚くらいのカードなら、大きな机の上に並べてみると、何とか見通しが効きます。

カードを並べ直して、グループごとにまとめたりしてみると、もっと見やすくなりました。見やすくなるということは、考えやすくなるということです。そこで、この五〇枚のカードを眺めながら、何が言えるだろうか、何が解決策だろうか、と考えます。すると、単純ではないけれど、こういうシナリオとこういうシナリオが解決の方向として考えられるのではないか、ということが見えてきます。

人間は、一度に目に入れられる以上の膨大な情報から考える、ということがとても不得意です。しかし、面白いことに、データを目に見える範囲に収まるくらいにコンパクトにすれば、人間は考えることができます。「考える」という作業が「分析」の本質ですから、「考える」ことができる形、「考える」に適した形にしてやることが「分析」の基本です。つまりは、データを圧縮し、見通しをよくして考える、それが分析です。

この圧縮という技法を怠ってしまうと、とりあえず目に付く範囲のデータで、とか、思い出せる範囲でのデータで、とか、狭い範囲から考えてしまうことになります。

数値化という圧縮

では、データを圧縮するというのは具体的にどうすればよいのでしょうか。実は、データの圧縮方法には、多様な方法があります。

アンケート調査の場合について考えてみましょう。

先ほどのメガ・ソーラー問題について、関係者や住民への聞き取り調査のあと、もっと多くの住民についてその意向を聞いてみたくてアンケート調査を行うことにしました。地域をとりあえずメガ・ソーラー建設予定地の町全体と考え、その一八歳以上人口二万人から、住民基本台帳をもとに五〇〇名を無作為に抽出し、メガ・ソーラーへの賛否などを聞くアンケート調査を行いました。どこに住んでいるのか、メガ・ソーラー建設予定地から近いのかどうか、どういう仕事をしているのか、年齢、性別、さらには、メガ・ソーラー計画の景観上の問題をどの程度受け入れられるか（メガ・ソーラーを含む景観事例を複数見せて「受け入れられるか」どうかを聞きます）、メガ・ソーラーの電気を使いたいと思うか、メガ・ソーラー計画を進めている事業者に対する印象はどうか、計画の進め方や説明のしかたについて満足しているか、といったことを、それぞれ選択肢で聞きました。その結果、実際に回答が集まったのは三二〇名分でした（回収率六四％）。

三二〇名一人ひとりの回答票を「個票」と言いますが、個票には、それぞれの質問項目への回答が書かれています。その多くは、「1．強くそう思う、2．そう思う、3．どちらとも言えない、4．そう思わない、5．強くそう思わない」といった選択肢の答えが、〇で囲まれているものです。すでにここに圧縮が存在します。つまり、回答者は「そう思わない」といった「言葉」を選択しているのですが、それが「2」などの「数字」の形に圧縮されているのです。

さらに、それぞれの個票上の数字は、まずはすべての個票を集めた一つの大きな表の形で「集計」されます。各行が個人、各列が設問となります。

いったん大きな表に集計された数字の羅列は、そこからさまざまなさらなる圧縮が可能になります。それぞれの列の平均をとる、あるいは1が何人、2が何人といった分布を見る、さらにはばらつき具合（分散）を計算する、といったものが代表的なものです。これらは、もともと個票にあったバラバラな数字を、たった一つの数字（平均値、分散など）、あるいは少ない数字（分布）に圧縮するという技法です。

ただ、これはまだ各列バラバラに、つまり各質問項目バラバラに行っている圧縮です。そこで、いくつかの質問項目を関連づけながら分析したいと考えます。たとえば、住んでいる地区別のメガ・ソーラーへの賛否を考えたい、といった分析です。この場合は、「地区」と「ソーラーへの賛否」を縦横に掛け合わせた表（クロス表）の形に「圧縮」してみることになります。

さらに、地区別の意見分布に違いがあるかどうかをもっと「圧縮」して、はっきり「違いがある・ない」を言ってみたくなったときには、統計学的な検定を行うことになります。この場合は、カイ二乗検定というものを行います。カイ二乗検定は、たとえばこの例の場合、「地区間の意見分布の違いはない」と仮定してみた場合に予想される数字と、実際のアンケート調査の結果の数字との間に十分な開きがあるかどうか（つまり、その仮定が正しい確率が十分に小さいかどうか）をチェックしてみる検定の方法です。大きな開きがあれば「違いがある」、開きが小さければ「違いはない」と推測されることになります。

この例の場合、「地区間の意見分布の違いはない」という仮定が正しい確率を計算す

回答者番号	性別	年齢	設問1	設問2	設問3	設問4	設問5	設問6
1	男	62	1	2	1	5	2	1
2	女	35	2	5	1	3	1	2
3	女	54	3	5	2	2	1	
4	女	84	4	2	3	2	3	
5	男	36	2	1	2	1		
6	女	28	1	2	1			
7	女	72	2	4	5			
8	男	54	4	3				
9	男	45	2	1				
10	女							
11								

メガ・ソーラーからの距離	賛成	反対	合計
0〜5km	34	39	73
5km〜	153	95	248
合計	187	134	320

カイ二乗検定すると、$p=0.021<0.05$ なので、メガ・ソーラーからの距離と賛否は関係ありと推定される。

図2　アンケート調査の結果を圧縮していく

ると（エクセルの関数を使って簡単に計算できますが、ここではそのプロセスは省略します）二・一%となりました。十分に小さい数字ですから、したがって地区間の意見分布には「違いがある」と推測される、ということになります。このように統計学の計算によって「違い」が確認されたことを、「統計学的有意差」がある、と言います。

このやり方は、もともと個票にあったばらばらな数字を、たった一個の「二・一%」という数字に圧縮してみせたものだということができます。

アンケート調査というものは、言葉で聞き、言葉による選択肢で答えてもらうのですが（「年齢」「収入」など数字で答えてもらうものももちろん含まれますが）、それを数字に直し、さらにそれを圧縮することを最初からもくろんだ調査法です。「選択肢で聞く」というある意味思い切った方法が、その劇的な圧縮を可能にしています。

アンケート調査は、より客観性を目指すものというより（そういう誤解が多いのですが）、大量の人を対象にして簡易に社会的事実を理解するための技法です。社会学は複雑な意味世界を相手にしているのですから、「簡易に」というのは本来無理筋なはずです。しかし、質問を工夫することと、対象者の多さをメリットとしてうまく使うことで、その

「無理筋」を可能にしてしまおうというものです。大量の言葉から大量の数字、大量の数字から数少ない数字への劇的な圧縮によって、分析が容易になり、そのことによって大事なことがわかる。それを目指すのがアンケート調査です。

コード化という圧縮

一方、数値ではなく、言葉による圧縮を目指す分析もあります。社会学では、多くの場合こちらのほうが重要になってきます。

アンケート調査のように定型的なことを聞くのでなければ、そこから得られるデータは通常数字に圧縮することはできません。もちろん、ある言葉がどのくらい頻出するとかといった、それこそ無理筋な数値化もできなくはないですが、それは分析としての効果が限定されています。

言葉のデータ（社会学では「質的データ」と呼びます）の圧縮方法として最もよく使われる方法は、コーディング（コード化）です。質的データにおけるコーディングとは、元のデータの各部分からキーワード的な言葉（コード）をつけていく作業です。

たとえば、ある農村地域で、六〇～八〇歳代の住民たちに、生業（農業）や生活のライフヒストリーを聞きました。そこからはいろいろなことがわかりそうですが、とくに地域住民と生業や自然との関係についてコーディングをしてみましょう。

図3に示すように、文字起こししたものを読みながら、そこから何が言えるのかをコーディングします（この図の語りは、実際に私が学生たちと一緒に聞いた話を少し改変したものです）。「「個人出し」ではダメになってな」というあたりの語りは、このころの農業の変化の大事なところを示していると理解でき、「個人出し」がダメになったというところからは「流通経路の変化」というコード、それにともなう栽培作物の変化については「転換せざるをえなかった野菜づくり」というコードをつけました。

このように、コーディングとは、集めてきたデータ（この場合はインタビュー・データ）の内容から何が言えるか、どんなことがわかるかを、短い言葉で示してやることです。

実際にやってみればわかりますが、コーディングの作業には分析が含まれます。インタビューそのもののプロセスの中に分析が含まれている話を先にしましたが、その結果のインタビュー・データ、具体的には文字起こししたものからさらに分析をすることに

転換せざるをえなかった野菜づくり

農業は生活のためだな。作っているのは、小松菜が一番多くて、あとは大根とシロ菜、葉取大根。畑は、ピーマン、ししとう。南蛮が少々。あと、とうきび、かぼちゃ。畑は商品作物。俺の３代前は雑穀づくりだ。大豆とか、裸麦とか。俺が中学生のころくらいから、トマト、キュウリ、ナスをつくりはじめた。

流通経路の変化

学校から帰ってきたらトマトとれとかキュウリとれとか言われてたからな。その頃馬鈴薯の種イモつくってたな。トマト、キュウリ、ナスはな、みんな産地広がって、「個人出し」ではダメになってな。ロットが小さい「個人出し」だからちょぼちょぼしか出ない。スーパーに押されて八百屋なくなったでしょ。スーパー用はほら、Ｌがなんぼ Ｍがなんぼって、出荷数が多いから採算が取れなくなって。それで、他の人が作ってない小松菜なんかもつくりはじめた。それが昭和３０年代終わりごろ。

自然の中での創意工夫ある遊び

子どものころはよく川遊びをしたな。溺れちゃったから水が嫌になって泳げなくなった。カワカジカとったりドジョウ取ったり、ヤツメウナギとったり。毛の生えたカニもいたし。モズクガニだかマルガニだか。土手のところに穴掘って、軍手さしこんでカチッて食わせて捕った。とったカニは食べていた。お菓子なんてないから。おやつは芋とかぼちゃ。食糧、たんぱく質を取るためにもカニをとっていた。魚の釣り針買えないから、マチ針をまげてな、ミミズはどっさりいるからミミズを木綿糸でくくり付けて。返しがないからすぐ逃げられて。それこそ直釣り。

子どものころの豊かな自然資源利用

自然資源利用の衰退

野菜だけじゃなくて魚も獲って食べていた。うまくないけどな（笑）。冬になったら山で野ウサギとってた。朝見たら罠にかかってカチンコチンに凍ってる。血抜きしてないから煮るとあぶくがいっぱい出るんだ。あんまりうまくねえわな。子供だったから、冬の山仕事は俺はそんなにしなかった。親父たちはやってたぞ。俺が働けるようになってからは山仕事はもう終わっていた。燃料が薪から石炭に移り変わってたから。

図３　コーディングの例

なります。この語りは何を示しているのか、何を物語っているのか、この語りから何がわかるのか、そういう小さな分析がコーディングです。それは語りのデータから自動的に生まれてくるのではなく、他に聞いた人の話や資料などで調べたことと全体と、語りの部分部分との間を往復作業する中で生まれてきます。

そしてこのコードを集めて、それを図式化したり、分類したりすることで、さらに分析が進みます。それは、コード間の関係をさぐる、ということであり、小さな発見と小さな発見とをつなぎ合わせて何かを発見する、ということでもあります。コードを集めてさらに上位のコードをつける、ということもよく行われる方法ですが、それもコード間の関係を探る一つの方法です。

コードを集めて分析するときには、先ほど例として示した、カードにして考える、という技法がたいへん効果的です。定型的なカードにコード（や元のデータの一部）を書き込み、それを大きな机の上で並べ直したり、階層化したりしながら、考えます。

複雑な意味世界を、インタビューや観察という対話的な行為によって、「見える」形にしてやり、それをまた、コーディングという対話的な作業によって、考えやすい、圧縮された形にしてやるのです。そのことによって、意味の複雑さを捨象しない形で、しかし、適度に圧縮でき、それによって、適切に考えることができます。社会的に大事なことを、思い込みからではなく、きちんとした調査にもとづいて考えようとすると、この方法に行き着かざるをえません。

この方法は、複雑な意味世界を対象とする社会学において、王道の知識生産プロセスだと言えるでしょう。

図表化という圧縮

数値化したデータが、表やグラフにすることによって見通しがよくなる、というのと同様に、言葉によるデータ（質的データ）をコード化したもの、さらにはカード化したものも、やはり図や表にすると見通しがよくなります。コードやカードは、ただそれを並べただけでは、そこから何がわかるのか、まだ混沌《こんとん》としています。混沌とした世界から、何か大事なことを引き出そうとするとき、さまざまに並べ直す作業、つまりは図表化が有効な手段です。

私自身の過去の調査事例から、この図表化の例を示してみましょう。

私がソロモン諸島で調査をしていたさなかの一九九八年、突如、民族紛争が勃発しました。私が通っていたマライタ島の武装勢力と隣のガダルカナル島の武装勢力とが、内戦を始めたのです。なぜ紛争が始まってしまったのか、紛争の中で人びとはどうしているのか、そして平和を取り戻すためにはどうすればよいのか。私ができることは限られていましたが、その地にかかわりをもった社会学者として、せめて紛争の中で人びとがどうしているのかはわかりたいと考えました。いやむしろ、紛争そのものより、その中で人びとの暮らしがどうなっているかこそが大事だと考えたのでした。

紛争が継続している中ではありましたが、安全に注意しながら、私は紛争によって国内避難民となった住民たちのインタビュー調査を行いました。もともとの調査地だったマライタ島アノケロ村という村に関係する人びとの中から避難民をたどっていき、紛争が継続していた二〇〇〇年と二〇〇一年の二回にわたって、その人たちへのインタビューを進めていきました。並行して現地メディアによる記事も集めました。

インタビューした一人の女性（マライタ島アノケロ村出身者）は、生々しい経験を語ってくれました。

私は、一九八九年にホニアラ（ガダルカナル島にあるソロモン諸島首都）近郊の土地に住みはじめました。そして義兄と共同で周辺の土地を購入し、そこで畑や養豚・養鶏を営んでいました。

一九九九年三月、脅威が近づいていることが察知されました。男たちは毎晩警備をし、女や子供たちは家の中でじっとしていました。六月、ガダルカナル島武装勢力が現れ、銃をかざして「何ももたずに出て行け」と私たちを脅迫しました。すぐに逃げました。家の中の家具も、飼っていた鶏も豚も、すべて置いて来ざるをえませんでした。

この女性のように、マライタ島出身者の多くがガダルカナル島に居住し、その上土地まで購入する流れが当時できていました。紛争はまさに、そのことに反発したガダルカナル島住民たちの一部が武装して、マライタ島民たちを追い出しはじめたところから始まります。

私は、彼女のような避難民二二名から話を聞くことができました。避難民一人ひとりはそれぞれ違う状況下に置かれていましたから、共通する話、相違する話、さまざまな話が出てきました。

一人ひとり話を聞きながら、何が大事なポイントなのかを考え、それを次に生かしながらインタビューする、ということを繰り返しました。録音したものを文字起こしし、それらを読み解きながら、大事なポイントを表にしてみました。この表（図4の上）にあらわれるいろいろな「項目」は、私が最初から決めて聞いたものでは必ずしもありません。そういうものもありますが、多くは、話を聞いていく中で、これがポイントだろう、と対話的に浮かび上がってきたものです。

このように聞いていった一人ひとりの話は、そのままでは、何をどう考えてよいのか、なかなか見当もつきません。しかし、こうやって表に「圧縮」してみることによって、考えやすくなります。つまり分析しやすくなるのです。

避難民	生年	性別	出身地	配偶者の出身地	ガダルカナルでの生活 居住期間	仕事	居住場所	ガダルカナルでの土地購入	マライタへの避難の時期	家族のマライタへの避難の時期	避難先 夫の出身地に避難	妻の出身地に避難	子供が学校や仕事でガダルカナルに残る	避難後再びホニアラへ移住
A	1939	男	それ以外	北西マライタ	1965-1973, 1976, 1990-2000	左官業	ホニアラ	×	×	10-11月	×	○		○
B	「第二次大戦前」	男	北西マライタ	北東マライタ	1965-1984, 1990-1999	いろいろ。最後の2年は籐家具工場。	ホニアラ	×	11月		○	×	○	×
C	1940年代	男	北東マライタ		1999	小学校教師	SIPL	×	6月		×	×	○	×
D	1941	男	北西マライタ		?-1999	政府の海洋局	ホニアラ	×			○			×
E	1942	男	北東マライタ		1981-1986, 1991-1999	教会	ホニアラ	○(兄弟で)	8月		○	×	○	○
F	1945	男	北西マライタ		1974, 1980-1999	教会、公務員、畑	ガダルカナル、ホニアラ	×			△(隣村)	○	○	×
G	1948	男	その他	北西マライタ	1995-1999	畑	ホニアラ	×	12月	12月	×	○	×	×
H	1950ごろ	男	北西マライタ	北東マライタ	1970s-1999	タクシー・バス・トラックのビジネス	ホニアラ	×	8月	8月	○	×	○	
I	1952ごろ	男	北東マライタ	北西マライタ	1987-1999	SIPL（アブラヤシ・プランテーション）	SIPL	×	8月		○	○		
J	1955	男	北東マライタ	北西マライタ	1982-1999	SIPL（アブラヤシ・プランテーション）	SIPL	×	8月	5月	×			
k	1958	女	北西マライタ		1989-1999	畑，養鶏、養豚	ガダルカナル	○	12月	夫はホニアラに				
L	1958	男	北西マライタ	北西マライタ	1975-1999	伐採会社、菓子工場、建設、籐家具工場	ホニアラ	×	7月					
M	1959	女	その他	北西マライタ	1959-1974, 1985-1999	（夫は刑務所勤務）	ホニアラ	×						
N	1959	男	北西マライタ	北西マライタ	1975-1991, 以降断続的-1999	SIPL (1975-1991), 建設請負	ホニアラ、ガダルカナル	○						
O	1960ごろ	男	北西マライタ	北西マライタ	1995-現在（それ以前にも8年間）	たばこ工場	ホニ							
P	1963	女	北西マライタ	北西マライタ	1981?-1999	夫の兄弟共同経営 養鶏など（夫は ビスケット工								
Q	1964	男	北西マライタ	北西マライタ	1988-1999	伐採企 修理屋								
R	1965	男	北西マライタ	北西マライタ	1980-1983, 1991-1999	SIPL								
S	1967ごろ	女	北西マライタ	北東マライタ	1984-19									
T	1968	男	北西マライタ	その他	1980									
U	1970	女	北西マライタ	北西マイタ										
V	1973	男	その他											

		避難先 夫の村	妻の村	その他
避難民の類型	ガダルカナル島土地購入者	C, N, P	K, U	V
	プランテーション労働者	R, T	I, J	E
	ホニアラ居住者	A, B, D, H, L, M, Q	F, G, S	O

図４　インタビュー・データを表にする

図表化することで気づく

この大きな表自体が、多くの話を分析した結果の表でもあります。しかし、この表ではまだ大きすぎて、ここから何が言えるのかははっきりしません。この表を眺めながら、あるいは、この表をさらに加工したり圧縮したりすることで、何かが見えてきます。

たとえば私は、この表から、ガダルカナル島に住んでいたマライタ島民は大きく三つの類型に分けることができることに気がつきます。ガダルカナル島で土地を購入してそこに在住していた人びと、アブラヤシ・プランテーションの労働者としてプランテーションに在住していた人びと、そしてホニアラの町やその周辺に居住していた人びとです。さらに、どこに避難したのか、という避難先からも三つに類型化できることがわかりました。ほとんどが出身のマライタ島に「戻る」のですが、そのとき、夫の村に「戻った」人びと、妻の村に避難した人びと、そしてそれ以外の避難先を選択した人びとの三つのパターンがあったということです。そこで、その二つを掛け合わせた表を作りました（図4の下）。

この表を作ることで私が気がついたことは、「意外に」ガダルカナル島で土地を購入した人はそんなに多くない、ということや、「意外に」自分の村でなく妻の村に避難した人が多い、ということでした。ソロモン諸島において、結婚することはイコール夫の村へ「嫁ぐ」ことであり、ガダルカナル島からマライタ島へ「戻った」人びとの中に「妻の村への避難」が少なくなかったことは、一見不思議にも思えるのです。では、それはなぜなのか、といったことに次の関心が向きます。

実のところ、「妻の村への避難」というのは、マライタ島民が紛争前から繰り返してきた移住のパターン、すなわち貨幣経済や教育などへのアクセスや資源へのアクセスを軸に移住を決めてきたというパターンを踏襲したものでした。確かに「紛争からの避難」ではあるものの、そのパターンは、彼らのこれまでの移住戦略の延長上にあることが私の発見でした。「妻の村への避難」は結果にすぎず、要は、夫の村でも妻の村でも、あるいは別の村でも、もともと移住はそうした便宜を求めて行われていました。それが、紛争の際の「避難」にも適用されたということです。人びとは、紛争という危機を、従来行ってきた移住戦略の中にいわば飲み込んだのでした。

見通しをよくして考える

図表化するということは、分析のプロセスの中で、より考えやすい形にしてやるということです。分析の結果を図表で示すというより、図表を使って考える、図表を使って分析するのです。表とは、縦と横にクロスさせる形でものごとを整理する表現方法です。縦と横という視覚的にもわかりやすい「図」であるために、考えることを可能にします。

そう考えると、別段それはこのようなクロス表でなくてもよい、ということに気がつきます。矢印を使って関係図を作ってみたり、四象限の図にしてみたり、とさまざまな図表化がありえます。実際私は、このときの聞き取りデータから、この表だけでなく、さまざまな図を描いて、分析をしました。

図表化するという圧縮のしかたが、二次元上での圧縮であることを改めて確認しておきましょう。圧縮はあくまで「見通しをよくして考える」ためです。三次元に（つまりは立体的に）圧縮することもやろうと思えばできるのですが、それは人間にとってはまったく「見通し」がよくなく、ですから考えるに適しません。平面に（多くは紙の上や画面上に）、かつ、顔を左右に動かさなくてもよいくらいの視角の中に圧縮してやることによって、人間は考えることができます。データをもとに考える、というのは、要するにそういう身体的な作業なのです。

意味の複雑な連鎖から「大事なこと」を発見する、あるいは「大事なこと」について考える、という社会学の目的を達するには、この「圧縮し、見通しをよくして考える」という方法が中核的な方法になります。それは人間が「意味」について考える「ふつう」の方法の延長であり、その深化版です。社会の中で社会を共同で考える技法、意味世界を意味世界の中で考える社会学の技法としては、ここに行き着くのです。

四つの分析パターン

ここであらためて考えてみたいのですが、アンケート調査による数値を表にしたり統計学的な分析を加えてみたりする、あるいは、インタビュー記録や観察記録からコード化し、それを図表化して考える、というとき、私たちはいったい何をしているのでしょうか。「考える」というのは、何をどうすることでしょうか。

社会学が目指しているのは「大事なことをしっかり考える」ということですから、考える方法は一つである必要はありません。考える方式を一つに絞るのではなく、むしろ、多角的に考えて「大事なことがわかる」というのが社会学らしいやりかたです。一つの思考方法に固執しては「大事なこと」を見逃しかねません。

とはいえ、人間の思考方法は実はそれほど無限にあるわけではありません。考えるという行為は、社会を成り立たせているところの言語を使って行うわけですから、その言語のあり方、つまりは人間の思考方法に規定されます。「ふつう」のいとなみを是とする社会学においては、人間の「ふつう」の思考方法をそのまま、あるいは、拡大しながら適用します。

私たちは、膨大なデータを圧縮し、考えやすいかたちにしていろいろ考えるのですが、実際にやってみればわかるのは、その「考える」が、結局のところ四つのパターンに集約されそうだ、ということです。その四つとは、(1)分類・類型化する、(2)傾向を見る、(3)比較する、(4)関係をさぐる、というものです。これらに集約されてしまうというのは、おそらく、これらが人間の認識そのもののパターンだからだろうと思います。社会学の始祖の一人マックス・ウェーバーが『社会学の根本概念』の中で、「社

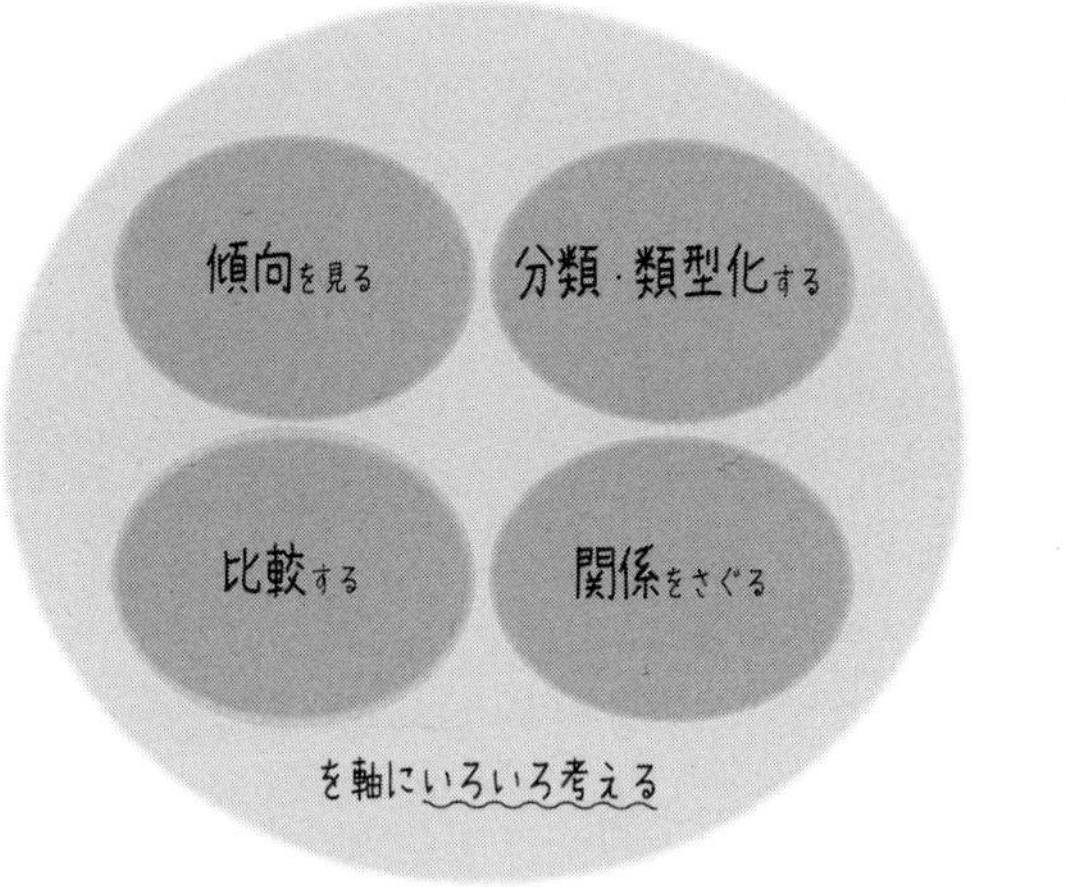

図５　考える４つの方法

会学は、類型概念を構成し、現象の一般的規則を求めるものである」と書いたのも、ある意味当然だったのです。ウェーバーの「類型概念」は、ここでいう「分類・類型化」、「一般的規則」はここで言う「傾向を見る」とほぼ同じと考えてよいでしょう。

被災住民調査から

災害復興の研究を例にこのことを考えてみましょう。

二〇一一年の東日本大震災は、とてつもなく大きな災害でしたから、その復興には、社会学者を含む数多くの研究者がかかわりました。

私も、震災で大きく被災した宮城県石巻市の北上地区というエリアの復興にかかわりました。実はこの地区は、私自身震災の七年ほど前から調査研究のために足繁く通っていた地区で、もともと地域の人びととのお付き合いがありました。そこが震災で多くの死者を出し（人口の七％が犠牲になりました）、ほとんどの家が流された惨事を前に、私は、仲間とともに、復興のお手伝いをすることになりました。

その中で、私たちは、震災一年後から四年後にかけて、毎年夏に、広範な被災住民たちへのインタビュー調査を行いました。なかなか住宅再建が進まない中、被災住民たちがどういう状態にあり、何を思っているのか、何を求めているのかを幅広く知り、行政や地域の人びとと共有することが大事だと考えたからでした。学生たちにも手伝ってもらい、毎年二〇～五〇名の住民たちに詳細なインタビューを行いました。

インタビューは大まかに、現在の生活や仕事について、そして、住宅再建を含む今後の展望について聞く、という方針で行いましたが、それ以上はあえて細かく決めず、一人ひとりの実情に応じて聞く、というスタイルをとりました。ですから、さまざまな話が出てきました。

「仮設住宅での生活が三年続いたが、今では、ここでの人間関係が生活の支えになっている」、「地区を出て移転することを決めているがそれについて不安もある」、「漁業の復興支援について、使いにくいという不満がある」（この地区は漁業が主産業で、これは漁業者の話です）、「もとの自分の家があったところにたまに行ってぼうっとすることがある」。そんな話がたくさん出てきました。

たくさんの話を聞いて、それを一緒にインタビューした人間たちの間で共有し（文字起こしをして共有しました）、そこからわかったことを行政や関係者に伝えたり、地域の中で共有しようとしました。しかし、聞いた話は膨大になりますから、そこから何を引き出すか、何をどう分析するかは、それほど簡単ではありませんでした。

分類・傾向・比較・関係

まずは「どんな話があったのか」です。いくら多様な話とは言え、話には共通する部分があります。「仮設住宅の暮らしについての話」とか「今後の住宅再建についての話」などという形で分類できるのです。一方、たった一人からしか出ていない話だけれど、大事な話だと思うものにも注目します。それも一つの分類として立てることができます。そうやって、共通する話や特徴的な話を、テーマAの話、テーマBの話……と分類することができます。この作業は、分ける、ということに力点を置けば「分類」と言ってよいでしょうし、特徴を浮かび上がらせることに力点を置けば「類型化」と言ってよいでしょう。

さらに、たとえば、仮設住宅での暮らしについては多くの人が語ってくれましたが、それを「新しい人間関係もできて心地よい」と感じている人が意外に「多い」、とか、反対に「少ない」とか、そういうことも注目されました。また、生活の不安感は徐々に薄れている人が多いとか、あるいは住宅再建について不安が増しているとかいったことも、人びとの語りから注目されました。これらはつまり、「多い・少ない」「増えた・減った」といった「傾向」に注目した、ということになります。「傾向」は、多くの調査研究において、大事な注目点になります。

また、漁業者と非漁業者との間で今後の展望についての意見が大きく違う、あるいは、同じ漁業者でも出身集落によっていくらか意見が違う、ということにも気がつきます。

これは、何かと何かを比べてこういう違いがある、ということに注目しているのであり、つまり「比較」をしているのです。何らかのカテゴリーの人びとと別のカテゴリーの人びととを比べてみるとか、個人と個人を比べてみるとか、そういう「比較」もまた、私たちがものごとについて分析するときの定石です。

さらに、一人暮らしであるかどうかということと、仮設住宅での暮らしについてどう思っているのかということとの間には、どうやら関係がありそうだ、ということもわかってきます。さらには、それらと、今後の住宅再建や生活再建についてどんな展望をもっているのかということとの間にも、どうやら関係がありそうだということがわかりました。これらはものごとの間の「関係」をさぐっているわけです。人びとの意識とある事象との間にどうやら強い関係がありそうだとか、この傾向とこの傾向の間には関連がありそうだ、といった「関係」です。この「関係をさぐる」というのも、私たちが事象を理解しようとするときの大事な方法になります。

このように、被災住民たちのインタビューを分析しようとすると、（1）分類・類型化する、（2）傾向を見る、（3）比較する、（4）関係をさぐる、という四つの分析に行き着きました。これらはごく自然な分析方法であり、したがって、基本的な分析手法だと言えるでしょう。

この四つは重なり合ってもいます。たとえば、仮設住宅での暮らしについて「新しい人間関係もできて心地よい」という話が多く出ていた、という発見は、「仮設住宅の暮らしについての感情」という類型を発見していることですが、同時に、そういう人が多いという「傾向」の発見でもあります。

広義の比較に意味がある

ところで、傾向を見るとか、比較をするとか言ったときに、それを「厳密」に行おうとすると、「条件を整える」必要がある、と考える人もいるでしょう。条件を整えて厳密な比較をしないと、比較そのものに意味がなくなる、という考え方です。

たしかに、たとえば、薬の効果を調べる疫学研究においては、同じ条件の人たちを二つに分けて、薬を実際に投与した人と薬を投与しなかった人とを比較します。このとき、その二つのグループのもともとの条件が違っていては（たとえば片方のグループの年齢層が明らかに高いなど）、比べても意味がありません。

しかし、社会学における「比較」では、「条件を整える」かどうかは、あまり本質的な問題ではありません。もちろん社会学の研究でも、条件を整えた「厳密」な比較が必要な場合はあります。しかし、多くの場合、社会学における「比較」は、もっと自由でもっと幅が広いものです。

私はソロモン諸島の村の調査をしているとき、自分が生まれ育った日本の社会のあり方と比較をしながらものごとを見ていました。ソロモン諸島の村と日本のコミュニティでは、人口規模も経済状況も、文化も、何もかも違いすぎて、「条件を整える」どころではありません。しかし、日本社会を一つの参照軸にしながら見ることで、ソロモン諸島の村落社会の分析は進みます。

たとえば、ソロモン諸島で私は、調査を重ねながら「コモンズ」（住民による土地や資源の共同の所有・利用・管理のしくみ）について考えていました。そのとき、私が頭の中で「比較」していたのは、自分が住む札幌《さっぽろ》市における公園や都市近郊林でした。ちょうどそのころ学生たちと一緒に札幌で調査を行っていたせいもあり、札幌における住民参加の公園づくりや、都市近郊林を行政と住民が協働で管理している例などを頭に浮かべながら、ソロモン諸島における土地利用、資源利用を調べ、考えていました。

この、一見条件が違いすぎる「比較」が、しかし、私にさまざまな洞察を与えてくれました。「比較」という技法は、厳密な比較から広義の比較までの幅広いものを含むことによって、私たちの「考える」を、より深いものにしてくれます。

同じことは「傾向」や「類型化」「関係」についても言えます。どれも狭く考える必要はなく、広義の「傾向」、広義の「関係」を考えます。

分類、傾向、比較、関係を軸にしながら、いろいろと考える、ということにつきるのです。データを前に、分類、傾向、比較、関係という四つのフレームワークを手がかりにしながら幅広く思考を行い、そこから何か大事なことを導こうとすることが重要です。

演繹《えんえき》と帰納

このことは、「アブダクション」という論理的思考法について知っておくと、もう少しよく理解できるでしょう。

人間の論理的思考に、「演繹」と「帰納」の二種類があることはよく知られています。「演繹」は、たとえば、「全ての生きている人間はいずれ死ぬ。田中さんは人間である。ゆえに田中さんはいずれ死ぬ」という三段論法に典型的に現われているように、すでに認められた大前提から具体的なことについての結論を推論する論理方法です。この論理方法は、いつの場合も間違いがない、いわば絶対的な真理を導くことができます。しかし、一方で、演繹は、何か新しい発見があるというものではありません。「田中さんはいずれ死ぬ」というのは、「全ての生きている人間はいずれ死ぬ」という大前提から必然的に導かれるものにすぎず、何か新しく発見しているわけではありません。演繹はこのように、すでに発見されていることの範囲内でものを考える方法です。

一方、「帰納」は、たとえば、多くの犬が吠《ほ》えているのを見て、「犬は吠えるものである」と考える、というように、複数の事実から何かしらの一般化をする推論方法です。その点で、帰納は、演繹と違い、何かを発見する推論だと言えるでしょう。しかし、もしかしたら、たくさん事例を集めていくとそのうち吠えない犬が見出されて、「犬は吠えるものである」という発見は間違いだったということになるかもしれません。したがって、帰納は「発見」を促す推論方法でありながら、その論証の「厳密さ」で言うと、演繹に劣ると言わざるをえません。

アブダクションという推論方法

この「演繹」と「帰納」という人間の二大推論方法に、もう一つ違った推論方法が加わるべきであると考えたのがアメリカの哲学者チャールズ・パース（一八三九～一九一四年）でした。パースはそれを「アブダクション」と呼びました（アブダクションについての以下の説明は、多くを、米盛裕二『アブダクション――仮説と発見の論理』に拠っています）。

アブダクションの例としてよく挙げられるのは、ニュートンがリンゴが落ちるのを見て万有引力を発見した、というあのよく知られた例です。リンゴが落ちるという事実から万有引力を発見したのだから、それは帰納ではないかと思う人もいるかもしれません。しかし、リンゴが落ちるという事実にいくら接しても、「帰納」の推論方法では、それは「リンゴは落ちるものなのだ」という一般化までしか行えません。それが万有引力の発見というところまで飛躍したのは、ですから「帰納」とは言えません。ニュートンは、リンゴが落下するという事実を見て、すでにもっていたさまざまな知識や思考を重ね合わせることで、「引力」というものが存在すると考えられるのではないか、というたいへん大胆な仮説を導き出したのです。これは、「リンゴは落ちるものなのだ」という「一般化」(帰納)のレベルではなく、その他の知識やその他の事実、それに深い思考を加えた、まさに「発見」なのです。洞察的な発見、と言ってもよいでしょう。

いわゆる科学的発見というものの多くは、事実にもとづくこうした思考プロセスを経ており、それをパースは「アブダクション」と呼んで、演繹や帰納とは違う推論方法だと提起しました。アブダクションとは、何らかの事実を前に、それについてさまざまな考察をしながら、合理的と思われる仮説を発見する推論方法です。

論証の「厳密さ」でいうと、アブダクションは演繹や帰納より弱いものであると言わざるをえません。しかし、実のところ、人類による重要な「発見」の多くは、演繹でも帰納でもなく、このアブダクションという推論方法によっています。

社会学が、しっかりしたデータにもとづき、何らかの社会的に大事なことを発見するいとなみだとすれば、そこで用いられる思考方法は、まさしくアブダクションである、ということは理解できると思います。

とすれば、さきほどから述べてきた、分類・類型化する、傾向を見る、比較する、関係をさぐるという四つの分析方法は、それ自体が大事なのではなく、それを通してアブダクションを行うことが大事なのです。分類、傾向、比較、関係「から」考える。見えてきた傾向、見えてきた分類、それらについて広義の比較をしたり、広義の関係をさぐったりしながら、さらに、これまで得ている知識や理論とも照らし合わしながら、熟考し、説得力をもつ説明を探す、それが社会学的なアブダクションです。

定型的な分析方法に厳密に従うよりも、定型・不定型のさまざまな分析をしながら大事なことを発見すること、つまりはアブダクションのいとなみこそが、社会学における分析です。それはもっと自由で、もっと泥臭い道のりです。自由に、しかし地道に試行錯誤して考えるほど、大事なことが見えてくる。それが社会学の「分析」であり「発見」です。

おもしろいことにパースは、アブダクションという推論形式を、人類が、その進化の中で、自然に適応するために獲得した能力である、と考えていたようです。そう言われて考えてみれば、私たちがふだん日常的に行っている推論、たとえば「今日はこんな天気だから、過去のさまざまな経験から言って、明日の天気はこうだろう」といった推論のほとんどはこのアブダクションであると言ってもよいでしょう。人間の日常知、生活知のほとんどは、アブダクションで、パースはそれを合理的かつ重要な推論方法だと言っているのです。

論証の「厳密」さからいうと演繹や帰納より弱い推論方式であるアブダクションは、一方で、よりプラグマティックで問題解決型の推論方式だと言えるでしょう。その意味でも、現代の社会学の使命、複雑で多義的な社会の中で大事なことを発見して提言するという使命には最も適した方法だと考えられます。

いいアブダクションのためにはいい圧縮を

しかし、アブダクションによる洞察的な発見は、なかなか難しそうに思えます。リンゴが落下するのを見て万有引力を発見するなど、天才にしかできないのではないか。あるいは人間が一般的に行っている推論がアブダクションだとすれば、まあ何らかの推論はできるのだろうが、それではたいして重要な「発見」などできないのではないか。そんな疑問も当然だろうと思います。

しかし、社会学におけるすぐれた洞察は、その洞察そのもののプロセスを天才的に実行することよりも、むしろ洞察を行うための準備が十分できているかどうかにかかっています。それがすなわち、いかにより意味のあるデータが対話的に集められているか、そしてそれがうまく圧縮できて見やすいかたちになっているか、ということです。小さないい分析をしながら対話的にデータが集められ、そのことによって、大事な発見へ向かって順調に進んでいること、そして集められた適切なデータが見通しよく圧縮されていることによって、よいアブダクションができる可能性はぐっと高まります。

ということで、話は最初に戻ってくるのです。前章で対話的なデータの集め方について、そして本章前半でデータの「圧縮」方法について詳しく述べましたが、それは、よいアブダクションを行うための準備の話だったのです。アブダクションが「爆発」だとすれば、対話的なデータ集めでいい材料が着々と揃《そろ》えられ、それを圧縮して発火しやすい状態にすることで「爆発」が誘発される、そんなイメージだと思います。

分析をしながら対話的にデータを集め、それを適度に圧縮し、見通しをよくした上で、分類・傾向・比較・関係というフレームワークを手がかりにしながらアブダクションを行い、大事なことを発見する。その地道で泥臭い方法が、社会学における分析技法です。

第5章

なんのための理論?

——表現の技法としての理論と物語

言葉で表現するということ

対話的に集めた雑多なデータをもとに、分析し、大事なことを発見するというところまで前章で見てきましたが、その発見したことを、最後に何らかの形で表現しなければなりません。

「表現」しようとするのはどうしてでしょうか。それは、ただ自分が「そうか」と納得して満足するのではなく、多くの人に問題提起したいと考えるからです。問題提起するのは、何らかの問題の是非についてかもしれませんし、「こういうからくりがあるぞ」という批判的な問題提起かもしれません。あるいは、「この方向で進むべきだ」という「建設的」な提案かもしれません。

第2章で述べたとおり、社会学は規範的な学問です。よりよい規範へ向けて、みんなで物語を形成していくのが社会学です。そのため、今こういうことをこのように考えることが必要なのではないかといったストーリーを提示するのが、社会学の表現です。

その表現方法はやはり言葉です。そのとき、私たちは、言葉の組み立て方を工夫したり、あるいは、何か「鍵となる言葉」を提起したりすることで、大事なことを効果的に表現しようとします。そこで使われるのが、短いフレーズだったり、概念だったり、あるいは何らかの「公式」のような表現だったりします。それが社会学における理論であり概念です。理論が正しいかどうかを論証するというより、理論や概念を効果的に使って表現し、提起をするのです。

「感情労働」論のインパクト

たとえば、アメリカの社会学者、アーリー・ホックシールド（一九四〇年〜）が提起した「感情労働」という理論は、社会的にも大きな影響を与えたものとして有名です。ホックシールドは、一九八三年に著した『管理される心』の中で、多くの現代人の労働、とくに人と接する仕事において、感情そのものが商品になっていることを論じています。そうした労働の典型である客室乗務員について、ホックシールドは、ある航空会社で観察とインタビューを繰り返し、そこから、どうやって感情が商品化されていくのかを明らかにします。会社の研修などを通して、客室乗務員たちは、ただ表面的に笑顔を振りまくだけでなく（これをホックシールドは「表層演技」と呼びました）、自分の感情そのものをコントロールして、心から乗客をもてなしたり、あるいは（どんなひどい乗客であっても）乗客への寛容の心をもつようになります（こちらは「深層演技」と名づけられました）。このようなことは、客室乗務員だけでない幅広い労働現場で存在し、さらに、私たちのプライベートな生活の中でも存在します。どんな労働現場、どんな日常生活でそのような感情管理のメカニズムが働いているのか、それと階層やジェンダーはどう関係しているのか、そうしたことを「感情規則」「感情管理」といった言葉をうまく使いながら説得的に説いたホックシールドの「感情労働」論は、その後、学界のみならず社会的にも大きな影響を与えました。ちなみに、ジェンダーとの関連でホックシールドが議論しているのは、通常の労働においても、また、プライベートな領域における隠れた労働（シャドーワーク）においても、女性が男性より感情労働を要求されている、というものでした。

この「感情労働」という理論、あるいは概念は、個人的なものであるはずの「感情」が、社会的に構築されたものであることを提起し、私たちの社会のあり方を問うたもの

でした。その議論が、ホックシールドによる航空会社での観察やインタビューを通した数多くの「発見」に支えられたものであることも大事なことでしょう。「感情労働」という言葉自体がたいへんショッキングな言葉で、そのために多くの注目を浴びましたが、この言葉自体に意義があるのではなく、この言葉を使って展開されたホックシールドの議論全体に意義があったのです。「感情労働」という言葉は、いわばその全体を示すキャッチフレーズのようなものだったと言ってもよいでしょう。

「感情」というものに関心をもちながら調査し、その中で理論を深めていく様子について、ホックシールド本人が『管理される心』の「まえがき」でこのように書いています。

客室乗務員や集金人、女性労働者や男性労働者が一日の労働をこなしているときの心のうちを読み取ろうとして調査に出かけていったときに、こうした問いや概念が発展していった。話を聞けば聞くほど、労働者がどのようにして、労働に関する感情規則の裏をかき、自己の感覚を保護しているか、そして、いかにして「適切な」感情の表層的表示に限定して感情を差し出しているのか、にもかかわらず、いかに

「間違っている」、あるいはおざなりだ、という感覚に悩まされているのか、を十分に意識するようになった。

何らかの問いや規範をもとに調査を始めて「大事なこと」を発見していき、それが理論にまで昇華していくプロセスがここに表れています。

ソロモン諸島研究の理論化

私自身の「理論化」の経験も少しお話ししましょう。

お話ししたとおり、私はソロモン諸島で、住民の生活から見た「開発・発展」について調査研究を進めていました。その中で、住民と自然資源との多様な関係、土地をめぐる複雑な社会関係、住民の頻繁な移住の背景とメカニズムといったものを、「大事なこと」として「発見」していきました。そして、最後にそうしたものを「どのような発展が望ましいか」という発展論の文脈で語りたいと考えました。

そのとき私は、どういう議論をするのがよいだろうかと思いをめぐらせた末、「生活を組み立てる」という概念を使ってみようと考えました（宮内『開発と生活戦略の民族誌』）。自然資源との関係、村での社会関係、親族関係、近代的な制度との関係、貨幣経済へのアクセス、そうしたものを住民たちの「生活戦略」にとっての「資源」と見立て、住民たちがライフステージに応じてその資源の取捨選択を行いながら生活を組み立てているのだ、という議論をしました。

この理論の提示により、私の調査による別の「発見」である、人びとの移住や村への還流（村から町へという流れと並行して村への舞い戻りという現象が起きていました）ということについてもうまく説明できるのではないかと考えました。人びとが移住や村への還流をするのは、ライフステージやそのときの社会状況などから、どういう資源をどう組み合わせるのが最適かを考えて選択している、と説明できると考えたのです。そう考えると、村への人の還流は、町で得られる資源と村で得られる資源とを比較して、村で得られる資源のほうがその人の状況にとっては有利だと考えたときに生じている現象だと理解できました。民族紛争勃発時に人びとがとったさまざまな行動（「国内避難」するときに、自分の村に戻らず、別の村に移住することなども多かった）についても同様な説明ができると思いました。民族紛争で、使える資源のあり方が劇的に変化してしまい、その中での資源の組み合わせとしてベストと思われる選択を住民たちはしている、と解釈できたのです。

それだけでなく、この「生活を組み立てる」という議論枠組みを使うことによって、「ではどういう発展が望ましいか」(これがソロモン諸島の調査研究で最後に示したいところでした) ということについても議論しやすくなると考えました。「どういう発展が望ましいか」について私は、人びとが主体的に資源を「組み立てながら生活できる」ことや、その「生活の組み立て方」が人びとの尊厳と生活の質を保ちながら行われること、社会関係を壊さない形で行われることが大事である、という議論をしました。「生活を組み立てる」、「資源」、「生活戦略」といった概念を打ち立てながら (「資源」や「生活戦略」はもともと一般的な言葉ですから、それらについては再定義しながら、ということになります)、問題提起したのでした。

いろいろな水準の理論がある

このように、「理論」や「概念」は、調査研究で発見したことを問題提起するために使うものです。

「理論」や「概念」にはいろいろな水準のものが存在します。

一つには、何らかの因果関係についての「公理」的な理論があります。

たとえば、アメリカのマーク・グラノヴェター（一九四三年～）の「弱い紐帯《ちゅうたい》の強さ」という有名な理論があります。「弱い紐帯の強さ」とは、人と人の間の強い関係より弱い関係のほうが、効果的な情報伝達を生んだり、職業移動の機会を広く提供したり、さらにはコミュニティを維持したりするのにも役立つのだ、という一見逆説的な理論です。

グラノヴェターはこの議論を、さまざまな研究のレビュー（メタ分析）と自分で集めた経験的データの分析の両方から行いました。グラノヴェターのこの「弱い紐帯の強さ」理論は、人びとの間の紐帯（つながり）は強いほうがよいのだ、という多くの人がもっている常識を覆す「公理」的な仮説であり、その着想の面白さからも大いに注目されました。グラノヴェターの最初の論文は一九七三年に発表されましたが、以降今日に至るまで、この「弱い紐帯の強さ」理論はさまざまな分野で応用的に使われています。

二つ目には、何らかの重要な「類型」を示した理論があります。

たとえばエーリッヒ・フロム（一九〇〇〜八〇年）がその古典的名著『自由からの逃走』で示した「権威主義的パーソナリティ」という理論があります。ドイツ生まれのユダヤ系であるフロムは、ヒトラーのナチス・ドイツを支えた人びとが、権力にいやいや服従したのでは決してなく、いわば積極的に自由を捨てた、自由から逃走したのだと見ました。当時の人びと、とくに当時経済的に周縁に追いやられていた下層中産階級（小さな商店主、職人、ホワイトカラー労働者など）の「社会的な性格」として、権威主義的パーソナリティを見たのでした。

近代人は、政治的にも経済的にも「自由」を獲得しましたが、そのことがかえって孤独を増大させます。その孤独に耐えられず、自由をなげうって外側のなにものかと自分自身を融合させようとします。その結果、権威と一体化することで安心する傾向を生みます。これが権威主義的パーソナリティです。フロムは権威主義的パーソナリティがもともとその人たちにあったのではなく、社会と人びとの心理との間の相互作用の中で生まれるものであり、それがファシズムを支えた、と見ます。そしてそれは、ひとりナチス・ドイツの話ではなく、近代国家がすべて直面している問題だ、とフロムは考えました。

『自由からの逃走』の初版は一九四一年ですが、現在にも十分通用する議論ですし、むしろポピュリズムが跋扈《ばっこ》する今の世界にこそ適用されるべき議論かもしれません。実際『自由からの逃走』は、今でもよく読まれ、よく参照されています。

三つ目には、世界はこうなっているのではないかという大きな仮説的なものとしての理論があります。

たとえばジグムント・バウマンは、近代が進みポスト・モダンとなった現在においては、「流動性」や「軽量性」が社会の軸となっているという理論を展開しています（バウマン『リキッド・モダニティ』）。バウマンが言うには、現代の世界には、道案内となるようなルールが不足していて、たくさんの規範が衝突し合っています。それらが発する命令はお互いに矛盾し、また、強制力もありません。生活をめぐる政治は、構造化されておらず、流動的であり、よりよい秩序の確立など現在では議題にさえのぼることがないのだ、とバウマンは言います。堅牢《けんろう》だと思われた「近代」はすでに遠く、いわば芯のない社会、軽量な世界にすでに移っていて、それをバウマンは「流動的近代（リキッド・モダニティ）」と呼びました。

バウマンの「流動的近代」論は、議論が少し大きすぎるきらいがありますが、同じ大きすぎる議論でも、「社会構造全体を明らかにする」と意気込んだかつての社会学の理論とはある意味逆で、今や体系的に説明できるような社会は存在しないのだ、ということを仮説的に主張したものだとも言えるでしょう。いったんこのバウマンの議論を知ってしまうと、私自身そうなのですが、この視点抜きにこれからの社会のあり方を論じても意味がないかもしれない、とも思ってしまうような刺激的な理論です。

四つ目には、社会を見るときの視点を示した理論があります。たとえば、「コモンズ」は、自然や資源の共同管理を指す言葉であり理論です。コモンズとは、もともとイギリスで、貴族層が所有していた土地について、庶民が運動によってアクセス権を認めさせたものを指しました。農民たちがもともと使っていた土地が貴族や地主によって囲い込まれていく中で、それを利用の権利という形で取り戻したものがコモンズでした。その言葉が、今日の環境問題において、みんなが所有したり管理したりすることの有効性を示す言葉として使われるようになりました。持続的で公正な資源管理のしくみとして、住民自身による共同の所有や管理のしくみが再発見され、それを現代的な文脈の中で再興させる必要がある、というのが「コモンズ」論です（全米研究評議会編『コモンズのドラマ』、井上真・宮内編『コモンズの社会学』）。「コモンズ」という言葉がこのように魅力的な概念として提示されたため、当初用いられていた自然資源にかぎらず、都市のさまざまな資源（たとえば公園）、あるいは文化的な資源（たとえばアート）や制度的な資源（たとえば教育）についても、「コモンズ」という概念が用いられるようになりました。「コモンズ」概念は、何か新しい類型の発見、あるいは公理の発見というよりは、社会的な課題を解決するための一つの視点を示したものだということができます。

このように、社会学の「理論」と一口に言っても、公理、類型、大きな仮説、社会を見る視点など、その水準はさまざまです。

グランド・セオリーより中範囲の理論

社会学における理論とは何かをもう少し深めるために、こうした議論のときに必ず出てくるマートンの「中範囲の理論」というものについて考えてみましょう。

社会学は、その誕生当初、大きな「理論」を目指していました。世界はどうなっているのか、それを体系的に示すことのできる理論とはどういうものか、そういう大きな理論こそが社会学理論だ、という風潮が誕生以降しばらくありました。それらはのちに皮肉を込めて「グランド・セオリー（壮大な理論）」と呼ばれます。

これに対し、アメリカの社会学者ロバート・マートン（一九一〇～二〇〇三年）は、そういう大きな理論よりもむしろ、「中範囲の」理論のほうが社会学を発展させるのだ、と主張しました。「中範囲の」は、英語だとミドル・レンジ（middle-range）なので、大きな射程をもたず、中程度の射程をもった理論、ということになるでしょう。

日々の調査の中で出てくるちょっとした発見（作業仮説）と、社会全体のすべてを統一的に説明しようとする理論との間に存在する、ちょうどいい射程の理論、それをマートンは「中範囲の理論」と呼びました。

マートンの「中範囲の理論」のポイントは、世界のすべてを包括するような理論を組み立てることは社会学としてあまり意味がない、ということです。マートンは、「社会学は、中範囲の理論の展開をもっぱら心がけているときは発達し、大仕掛けの理論に注意が集注しているときは欲求不満に陥るであろう」(マートン『社会理論と社会構造』)と言います。一方で、ただ調査からわかったことをまとめただけのものも意味がない、とも言っています。その「中間」の理論、たとえば、この章でこれまで触れてきた「感情労働」や「弱い紐帯の強さ」といった理論こそ大事なのだ、ということです。

現代の社会学は、社会的に大事だと思われることについて、対話的に集めたデータにもとづいて、考え表現するいとなみなのですから、それにふさわしい理論のあり方は、大きな理論ではなく「中範囲の理論」だということがわかると思います。実際、マートンが活躍した時代と違い、今日の社会学における「理論」はそのほとんどが「中範囲の理論」なので、わざわざ「中範囲の」理論と言う必要もなくなってきています。

理論とは共同で考えるためのフレームワーク

とはいえ、ここでもう少し考えなければならないのは、中範囲であるということより、その中範囲の中身であり、方向性です。つまり、何のための理論なのか、です。

あらためて、社会学にとっての「理論」とは何でしょうか。

社会学における理論は、すくなくとも現代の社会学における理論は、その先に大きな理論があるような積み上げ式の「公理」ではありません。むしろ、こんな大事な議論ができるのではないかという議論の枠組みの提示です。そこで提示される概念は、ある意味「符号」のようなもの、あるいは、キャッチフレーズのようなものです。大事なのは、その概念そのものよりも、それを使って示そうとしている論理や議論の中身です。先に述べたように、ホックシールドの「感情労働」論も、「感情労働」という概念そのものが大事だったのではなく、「表層演技」「深層演技」「感情規則」「感情管理」といった言葉を使って議論したその論理展開が大事だったのです。その理論は、真理あるいは科学的仮説というより、このようにとらえることはどうだろうか、こうとらえるとよりよく私たち自身が見えてくるのではないか、という問題提起だったと言えるでしょう。

社会学における理論とは、共同で考えるためのフレームワークです。データにもとづいて分析し表現する共同のいとなみとしての社会学の、その共同作業のためのツールが社会学における理論や概念です。

ですから、その理論が精緻に定式化されているか、あるいは証明できているかどうかは、社会学においてはあまり重要ではありません。社会の大事なことを考えるという社会学の目的に立ち戻れば、理論や法則を見つけること自体が社会学の目的ではなく、分析し、発見したこと、考えたことを、それに応じた適切な形で表現することが大事になります。その多様な表現が、社会学における広い意味での理論だということもできるでしょう。

欠如モデルに陥らないために

ところで、ここで考えなければならないことは、概念や理論にはいつも落とし穴があるということです。

意味の複雑な連鎖である社会というものについて、対話的にデータを集め、分析し、発見できた「大事なこと」を提示するのが社会学ですが、そのとき「こうなっていると考えるのが絶対的に正しい」という提示のしかたをするとどうでしょうか。それは、提示する相手に対して権力作用をもたらす危険があります。「あなたの置かれている状況はこれです」と提示することは、権力行使そのものにもなりかねません。

科学技術社会論と呼ばれる学問分野では、「欠如モデル」という考え方が提起されています。「欠如モデル」とは、環境問題や科学技術の問題について、「科学者は正しい解決策を示しているのに、人びとの科学的な知識が欠如しているために、受け入れてもらえない」という傲慢な見方を批判する見方です。「正しい」知識を人びとに注入することが大事だ、という科学者が陥りやすい態度を批判的に示す言葉です。「欠如モデル」は、何も自然科学に限った話でなく、社会学をはじめとする人文・社会科学にも当てはまります。社会学者が人びとに向かって「あなたの態度は社会学で言う○○だ」と言い放ったとしたら、それはいかにも傲慢で権力的な態度でしょう。

社会学は、その調査のはじめから対話によって成り立っている学問ですから、そもそも「絶対にこうなっている」というものにはなりようがありません。対話的に積み上げていき、洞察を加え、「こうなっていると考えてみるとよいのではないか。だからこうすればよいのではないか」と提案するのが社会学です。絶対的真理として提示するのではなく、対話的な知として提案するのが社会学の理論であり概念です。

冗長性をもった理論と物語

では、そうした権力的でない提案としての社会学の理論は、どのように可能でしょうか。問題提起するための理論が、議論を遮ってしまったり、はたまた誰かをおとしめたりしないようにするには、どうすればよいのでしょうか。

一つには、理論のゆるさと冗長性を担保することです。社会学の理論はどれも、程度の差さえあれ、ゆるいものです。いろいろな解釈が成り立ちうるものです。ある概念を提起するときに、もちろん定義はするのですが、しかしその定義をはみ出るような余地がたいてい残されています。また、たとえば、Aという概念とBという概念は関連性がありそうだといった場合も、それを無理に統合させようとすることはせず、冗長性を残しておきます。そうすることによって、現実と格闘しようとする人びとに対して、Aという概念が使えそうかBという概念が使えそうか、選んでもらうことができます。

もう一つは、表現方法そのものについてですが、数式の積み重ねのようながちがちの論理で描くのではなく、物語的であることです。数式やグラフで記述するのではなく、言葉で物語として記述することです。

調査によって発見したことをグラフに表わしたとしても、それを文章で記述しないと社会学の表現は終わりません。こんなグラフができて、そこからこんなことがわかった、というのは、客観的な真理を提示しているのではなく、グラフを使った物語を提示しているのです。

理論・物語としての記述

そう考えたとき、社会学の表現方法には、論理的な文章としての論文に限らない、多様な表現方法がありうることに気がつきます。

社会学の対話性を担保するような、記述的な表現方法として、エスノグラフィという形式があります。「民族誌」と訳されますが、エスノ（人びと）のグラフ（記述方法）ですから、人びとを記述する表現方法、といった意味です。

私はソロモン諸島での社会変動や人びとの生活戦略についての研究を、エスノグラフィとして一冊の本にまとめました（『開発と生活戦略の民族誌』）。

この本の中の一つのテーマが人びとの「移住」でした。人びとに話を聞くと、ほとんどの人が、何らかの移住を繰り返しています。そもそも私の調査地の村そのものが、数十年前に移住によって成立した村でした。この移住という社会現象をとらえることが、彼《か》の地において「大事なこと」を考える鍵となると考えた私は、対話的にデータを集め、人びとの移住の歴史と構造を描きました。

本の中では、たとえばこんな民族誌的な記述を行いました。一九七二年生まれのある住民（男性）の移住の歴史について、本人の語りを生かしながら、さまざまな社会関係が浮き彫りになるように記述したものです（原文から一部記述を変更しています）。

アノケロ村近くの集落で生まれたBさんは、二、三歳のころ親とともにガダルカナル島に移住し、アブラヤシ・プランテーション内で育った。幼稚園から小学校までプランテーション会社が作った学校に通った。

学校ではピジン（ソロモン諸島の標準語）が使われていた。最初自分はラングース（地元の言語）しかしゃべれなかったのでつらかったよ。最初は黙っていた。学校でラングースをしゃべったら先生に木で叩《たた》かれた。だから早くピジンを習得できたんだ。

後年、親は村に移住した。クワラアエ（Bさんの言語グループ）の父親にとって、フアタレカ（別の言語グループ）が中心のアノケロ村は母村ではない。しかし父親は、プランテーションに来る前にアノケロ村に移住しており、プランテーションをやめてからもアノケロ村に戻っている。

一方、Bさんは、父親についてマライタ島に帰ることはせず、一九八九年にホニアラ（ソロモン諸島首都）に出た。そこでやはりぶらぶらしながら仕事を探したのである。

ビルの外側にK（華人経営者）の店の求人広告が出ていた。だけど、直接Kに言うのは怖かったので、家に帰って手紙を書いたんだ。そしてそれを封筒に入れて郵便に投函《とうかん》した。

家に手紙が来ていた。親からだろうかと思って見てみると、Kからだった。「朝九時に来なさい」と書いていた。すごくうれしかった。

言われたとおり朝九時に行って、あいさつをして、一通り面接をして、それから働くことになったんだ。Kの店の一つで、最初は売り子として、そのあとレジ係として働いた。Kの家に住み込むことになった。

二年六カ月働いて、給料が上がらなかったから、Kに賃上げを要求したんだ。しかし、Kは拒否した。怒ってKを殴り、逃げた。

Kの店を飛び出したあと、Bさんは、精米工場で六カ月働き、一九九二年、一カ月だけアノケロ村に戻ったあと、再び、ホニアラの別の華人の店で働きはじめた。しかし三カ月後、母親が病気と聞いて村に戻る。翌年、母親の病気が快復したので、再びホニアラの精米工場で働いた。二年間働き、給料は三二〇ソロモン・ドル（二週間）プラス残業代（一〇〇ソロモン・ドルなど）だった。精米工場で働いているときは、親《しん》戚《せき》の家に居候していた。そして一九九五年に村に戻って来た。「ホニアラで働くこと

――は結局他人を利するにすぎないから」、というのが、「なぜ村に戻ってきたのか」という私の問いに対するBさんの答えだった。

Bさんの語りを含むこの記述の中には、さまざまな社会構造が埋め込まれています。標準語が話せなかったBさんとプランテーションという標準語空間との関係、不安定で流動的な雇用、家族内の関係、村と町の移住の繰り返し、そうした社会的事実が、記述そのものの中で表現されています。こうした記述は、いくつもの社会学的発見を物語として表すための表現方法です。いわば、もうひとつの論文形式です。

関係性まで描き出す厚い記述

アメリカの文化人類学者クリフォード・ギアーツ（一九二六～二〇〇六年）はそうした記述の方法を「厚い記述」と呼んでいます。厚い記述とは、社会事象や行動、制度などが理解できるように表現された記述です。ギアーツは「右の眼をまばたいている少年」を例に、このことを説明しています。同じ「まばたき」であっても、まぶたがただけいれんしただけの場合もあるでしょうし、「友人に悪だくみの合図」をしている場合もあるでしょう。私たちが注目するのは当然後者です。物理的な「まばたき」運動に興味があるのではなく、その意味に関心があるのです。ですから、その意味を浅くとらえた「右眼をまばたく」という「薄い記述」でなく、たとえば「彼は、近くにいた友だちには気づかれないように、もう一人の友だちに思わせぶりなまばたきをした」といった、その場の複数の人間の間の関係を示唆するような記述をするのが大事であり、それをギアーツは「厚い記述」と呼びました（ギアーツ『文化の解釈学』）。

ひるがえって考えると、「理論」や「概念」そのものもまたそうした「厚い記述」の一種だということに気がつきます。

ホックシールドが『管理される心』で、（航空会社）デルタの訓練プログラムの中に最も浸透した訓戒は、訓練生が飛行機の客室にありながら、あたかもそこが自宅であるかのように振る舞う能力に対するものだった。訓練生たちは、乗客をまるで「自分の家のリビングルームにいる個人的なお客様」であるかのように考えるよう求められた。

と書いたとき、それは記述を通して彼女の言う「感情管理」の理論を表現したものでした。反対に、こうしたことをたった一つの単語でさらに「厚く記述」したものが「感情管理」という言葉だった、とも言えるでしょう。

理論を利用する

ところで社会学者の書いたものを読むとよく、「〇〇という理論を援用して」という表現に出くわします。

社会的に大事だと思われることについて考え表現する行為である社会学において、すでに誰かが提唱している理論を利用することはごく自然なことです。ただしこれは、理論を無前提に当てはめようというものではありません。あくまで、理論を「利用」しようというものです。

そこには二つの側面があります。

一つは、分析するためのフレームワークとして理論や概念を利用するという側面です。何らかの問いや規範をもとに調査を始め、「大事なこと」を発見しようとするとき、既存の理論や概念が大いに威力を発揮するときがあります。対話的に集めたデータをもとにいろいろと考えようとしたとき、なかなかうまく考えきれないことがよくあります。そのときに、既存の理論や概念を使うと考えが整理できることはないかと考えます。すると、ある理論枠組みが「使えそうだ」ということに気がつきます。その理論枠組みを使うと、データからの分析が進みそうです。とはいえ、そのまま使うのではなく、その理論を少し変形させて使うことが必要になることも多くあります。

この利用するものとしての理論や概念は、社会学内部のものである必要もありません。実際、多くの社会学者が、他分野の理論枠組みや概念を利用しています。場合によっては、ジャーナリストや小説家・思想家の提示した概念を利用することも少なくありません。

もう一つは、発見したことを表現するときの方法として理論や概念を援用するという側面です。わかったことを表現し、提起しようとする社会学において、その提起が相手に伝わらなければ元も子もありません。そのときに、いわば共通言語として既存の理論や概念を利用するのです。

社会学は一人の社会学者単独で行われるものではなく、共同のいとなみです。誰かが打ち立てた理論や概念は、そうした共同行為の一環として存在すると考えることができます。そう考えれば、社会的に大事だと思われることについて考え表現するいとなみである社会学にとって、既存の理論や概念を使うというのはごく自然なことです。それは、誰かの理論や概念と対話しながら考えるということでもあります。

そのことは、あらためて、社会学における理論が、絶対的な真理、積み上げ式の真理というより、対話的なものであり、問題提起的なものであり、暫定的なものであること、そしてみんなで利用するものであることを示しています。理論を打ち出して終わりでなく、理論の提起をきっかけに議論をさらに続ける、理論をもとにさらに調査して、分析して、また提起する。そうした順応的で円環状のプロセスの中に、社会学の理論はあります。

そして、その円環状のプロセスをさらに広げて、もっと社会学を活用しながら、みんなで社会認識と規範づくりを進めていく、そんな道筋が考えられます。それはどうすればよいでしょうか。最後の章にあたる次章でそのことを考えてみようと思います。

第6章

みんなソシオロジストになればいいのに

——人びとの共同のいとなみとしての社会学

「協議会」の失敗

近年、何らかの地域課題を解決しようとするとき、「協議会」というものを設置することが多くなっています。たとえば、地域の自然保護を進めようとするとき、行政、専門家、地域住民代表、学校関係者といった、自然保護に関係する幅広い「利害関係者」を集めて協議会をつくり、そこで方策を話し合ったり、計画を作ったりするやり方です。自然保護のみならず、防災、まちづくり、交通など、さまざまな分野でこの協議会方式は一般化しつつあります。

たぶんそのこと自体は悪いことではないでしょう。いや、むしろよいことでしょう。行政や専門家が勝手に決めてしまうのでなく、いろいろな立場の人が集まって話し合い、ものごとを決めていく、というのは、考え方としては間違っていません。

しかし、現実にはこれがうまく行っていないことが少なくありません。協議会を設置してみたものの、そのテーマに関する参加者間の温度差が大きく、足並みがなかなか揃わないことがよくあります。また、そもそも協議会を立ち上げたといっても事務局は行政が握っていて、なかなか行政主導の域を出ないことも少なくありません。あるいは、協議会で話し合うといっても、それぞれの思惑が違っていて、何をどう話してどう決めるのか、なかなか折り合いが付かない、ということもあります。

協議会はなぜうまく行かないのでしょうか。私は、その大きな要因の一つに、社会を単純に見てしまっているということがあると考えています。

「いろいろな人が集まって話し合ってものごとを決めていく」ということを、「利害関係団体の代表者が出席する協議会という場を作る」ということに置き換えてしまうのは、果たして正しいでしょうか。「いろいろな人」とはつまりいろいろな利害関係団体なのだ、なぜなら人びとは各利害関係団体に分類されるからだ、と考えることは、複雑な社会を単純に見すぎていないでしょうか。「話し合ってものごとを決める」ことを「話し合う会議を設置する」ことに置き換えることは正しいでしょうか。

たとえば、ある個人が教育にかかわる人であると同時に地域で暮らす住民でもあったり、ある個人が自然保護の関係者であると同時に地域で商売をしている人であったり、ということはごく普通にあることです。さらに、人の考えや思いは、日々変わります。

定型的な不変の「意見」は誰しももっていないものです。また、「話し合う」場は会議に限られないはずです。さまざまな場所で日常的に対話は行われており、むしろそちらのほうが本当の意味での合意形成に寄与しているとも言えそうです。

合意形成の困難

社会は複雑で多義的である。それが本来の姿です。

社会が複雑だからこそ、問題解決には合意形成が必須です。複雑さの中で、私たちはつい専門家に任せたくなります。しかし、専門家は、データは出せても、答えは出せません。地域でどういう自然環境を再生すべきなのかを科学的に決定することはできません。どういう福祉サービスを提供すべきなのかについて、科学的な解があるわけではありません。問題はいつも不確実性を有し、さまざまなファクターがからみあっています。こうすればこうなりそうだ、ということは科学的に言えても、不確実性を拭うことはできません。また、そうなることが「望ましい」ことなのかどうかも、専門家には決められません。結局のところ、こうすることが望ましいと社会的に合意できたことが「解」

なのです。「解」は社会的にしか決定されません。

しかし一方で、協議会の例でわかるとおり、形式的な合意形成の場はなかなか機能しにくいものです。すくなくともそうした場の設置だけで本当の合意形成に至るのは難しいものがあります。複雑だから合意形成しかなく、しかし複雑だから合意形成しにくい、というジレンマを私たちは抱えています。

同じことは、地域課題の話を超えて、広く社会全体の課題についても言えるでしょう。複雑で多義性に満ちたこの世界の中で、どうやってよりよい社会、よりみんなが暮らしやすい社会を作っていけばよいのか。そこには幾多の困難がたちはだかります。なにごとにおいても不確実性が高く、こうすればみんなが幸せになれるという確たる社会像はなかなか見いだせそうにありません。それぞれが目指す社会像にはズレがあり、ややもすればそれは対立となります。下手をすると、何か強いもの、「正しそうな」ものにみんながすがろうとする風潮が生みだされかねません。

社会学実践をしよう

合意形成の困難、共通の社会像を描くことの困難の中で、それを突破するには、いかにも地道な方法であるものの、対話を積み重ねていくしかありません。一人ひとりがどういう課題を感じているのか、どういう社会像が望ましいと考えているのか、そうしたことを対話しながら、一つひとつ共同の規範をつくりあげていくことが必要です。

そこまで考えると、これは社会学のプロセスそのものではないかということに気がつきます。そうです、この本で縷々《るる》述べてきたことは、社会学の説明であると同時に、私たちがこの複雑な世界の中で何かを決めたり規範を作り上げたりする技法の説明でもありました。民主主義を、制度として考えるのではなく、対話から規範と行動を生みだしていく日々の実践の集積と考えるとき、社会学はその推進力となりえるのです。

「歴史」が歴史家だけのものでなく人びとのいとなみであることを表わす「歴史実践」という言葉があります。私もあなたも、さまざまな日常的実践の一つとして日々「歴史」を描いている、過去とかかわる実践、歴史実践を行っているのだ、という主張です。「みかんをほおばりながら、じいさんの「昔は良かった」話を聞いているあなたは、じいさんと一緒に歴史実践をしている」（保苅実《ほかりみのる》『ラディカル・オーラル・ヒストリー』）のです。専門家でも、ましてや国家でもない、私たち自身が「歴史する」ことに力点を置いた議論が「歴史実践」です。

同じことが社会学にも言えます。社会学とは、「職業的な社会学者の仕事」を指すのではない、と考えたいと思います。複雑な社会の中で対話的で規範的な知識を生産しようとする作業は、実は多くの人びとが日々行っていることだし、行えることだと考えます。それをもっと意識的に、もっと確実性と実効性を高めて行おうということこそ、この本が意図してきたところです。みんながそれぞれの場でソシオロジスト（社会学者）になる、みんなが「社会学する」、その営為を「歴史実践」にならって仮に「社会学実践」と呼んでみましょう。

聞くことが基本的な姿勢

ではその社会学実践の要諦《ようてい》は何でしょうか。社会学の技法を使って、複雑さの中で社会を作り直すにはどうすればよいのでしょうか。

まず第一に、聞くことこそが規範を作り直すための基本的な姿勢だということです。社会的に大事なことは、聞くことによって見出されます。

あらためて、「聞く」というのはどういう行為でしょうか。「聞く」とは相手の意味世界を理解しようとする行為です。相手の物理的な何かではなく、相手が「見ている世界」です。そこへの想像力をもちながら聞きます。こちらのフレームで相手の言葉を勝手に解釈するのではなく、相手には何がどう見えているのかを理解しようとしながら聞きます。一人の人の中に一見矛盾するような複数の声があることにも注意します。そして多くの場合、相手もこちらの「意味世界」を探ります。お互いの意味世界を探りあいながら、何かを見出していく。それが対話です。

聞くとはいったい何なのか、対話するとはいったい何なのかは、実のところ難しいものであり、何が正しい「聞く」なのか、何が正しい「対話」なのかは、私にもよくわからないところがあります。相手が「わかる」というのは本当に難しいし、本当のところはわからないのかもしれません。しかし、「わかる」かどうかを超えて、聞く・対話することによって何かが生みだされることは確かです。哲学者の三木那由他《みきなゆた》は、コミュニケーションとは、話し手の意図を聞き手に伝えるというよりも、話し手と聞き手の間で、今後どういう行動をしていくべきかという規範を生みだすものだ、という議論をしています（三木『話し手の意味の心理性と公共性』）。対話とは、単に情報や個人的信念をやりとりするものではなく、なにがしかの共同性や規範を生みだすものです。そうした何かが生みだされること、それが「聞く」ことであり、対話である、と考えてよいのではないかと思います。

対話を継続し蓄積する

社会学実践において「聞く」「対話」により生みだそうとしているものは、何らかの社会的に大事なことについての認識であり、共同の規範です。

この共同の規範を着実に作り上げていくためには、「聞く」「対話」を単発で終わらせないで、継続すること、蓄積していくことが必要です。この継続や蓄積ということが、社会学実践の重要なポイントの二つ目です。「聞く」「対話」を継続し積み上げることは、社会学の営為に置き換えると、「調査」になります。調査とは、継続的で多様な「聞く」

によってデータを「集める」ことです。そして、第3章で述べたとおり、その「聞く」対象は、人だけでなく、文献・資料や統計なども加わります。

調査する、というのは専門家が行うものと思い込んでいる人も多いですが、そうではありません。複雑さの中で社会を作り直し規範を作り直すために、継続的な対話やそれを組織的に行う社会学的な調査は、重要な役割を果たしえます。それを専門家だけに任せず、多くの人が参画することで、幅広く共同で規範を作っていくことができます。

あらためて強調しておきたいのは、このときに集めるものは「しっかりしたデータ」であることが大事だということです。そして社会学実践にとっての「しっかりしたデータ」とは、まずもってしっかり対話的に集められたデータです。一方的な視点で無理矢理集められたデータは、たとえデータの数が多くても、社会学的な実践にとっては意味がありません。

共同で分析し提言する

対話的に蓄積した「意味」をもとに、人びとにとって大事なことを共同で見つけ出そうとするとき、その間をつなぐものが「分析」になります。ですから、分析するという行為もまた、社会学実践の重要な柱になるはずです。第4章で示したように、その分析は、多くのデータをさまざまに圧縮しながら、分類・類型化する、傾向を見る、比較する、関係をさぐる、などを地道に行います。そして、そこから何らかの大事なことを発見し、提言します。

この分析・提言は、本来、一人で行うものというより、むしろ共同で行うものだと考えたいと思います。社会認識は対話的にしか生まれませんし、規範は共同でしか作ることができません。

みんなで分析し、提言するというのは、それではどのように可能でしょうか。

近年、新しい民主主義の方法として、ミニ・パブリックスと呼ばれるものが世界中で注目されています。ミニ・パブリックスとは、無作為抽出で選ばれた市民が議論をしてものごとを決めていくという手法です。まずはその地域（あるいは国全体）から人を無作為に選び、たとえば三日間、専門家からの情報提供を受けながら、グループに分かれて議論し、最後に全体で何らかのことを決めたり、提言書を作ったりします。町に路面電車を導入するかどうかといった地域課題を話し合うミニ・パブリックスもあれば、国の原発政策をどうするかという社会全体の課題を話し合うミニ・パブリックスもあります。

ミニ・パブリックスでは、少数のメンバーが、さまざまな情報をもとに、かなり突っ込んだ議論をします。情報はさまざまな立場の専門家や、その問題についての利害関係者などから多角的に与えられます。そして、グループで比較的長い時間をかけて議論します。与えられた情報をみんなで分析し、なにごとかを見出していくのです。グループ内にたとえ対立する意見があったとしても、それをただ言い合うのではなく、与えられたデータを一緒に分析しあうというところに重要なポイントがあります。共同の作業は信頼を醸成させ、その信頼がさらに深い議論を生みます。そしてそうした分析や議論にもとづいて最後に何らかの提言を作ります。

こうした市民による議論、意思決定のための人びとの議論を「熟議」と呼びますが、その熟議の核をなすものは、共同の分析だと言ってもよいのではないかと思います。

共同の分析の場を作っていくことは、こうしたミニ・パブリックスだけでなく、幅広い場面で可能でしょう。社会のさまざまな場面で熟議の場を作ること自体が、社会学実践の重要な柱になります。

多様な場で、人びとが対話し、データを集め、共同で分析をし、広く提言し、実行する。それを繰り返す。それがみんなの社会学実践であり、複雑な社会の中でみんなで規範的な知識を生産する実践です。

社会学することの喜び

社会はとても「やっかい」です。社会はつぎはぎだらけで見通しが悪く、意味も複雑に錯綜《さくそう》しています。社会が複雑であること、意味が多重に重なり合っていることは、この本で繰り返し述べてきたところですし、社会学実践の中でもとくに認識しておく必要があることです。

しかし一方で、このようにも思います。「やっかい」だ、複雑だ、というのは、もしかしたら、「全体」を見てそれを「操作」しようとするときにそう見えるだけなのかもしれません。多義性は、確かに「扱う」のには「やっかい」です。しかし、「扱う」のではなく、その中で具体的に行動すること、その中で試行錯誤することは、確かに困難もある一方で、むしろ楽しいことかもしれません。聞く、対話する、共同で分析する、そうした社会学実践は、つまりはコミュニケーションであり、また、そこから何かが生まれることに一緒に立ち合うことができる行為です。私たちはそうした行為にしばしば喜びを感じます。この喜びの感覚は、人類が社会というものを作り持続させる中で獲得したものかもしれません。

社会は本来、順応性をもち、解決力を内包しています。「社会学する」ことは、その解決力を引き出す触媒の役割を果たします。そうした社会学することの楽しさに、もっと多くの人が自覚的になるとき、よりよい社会へ向けての道が少し開けるのではないか、と私は考えます。

あとがき

どうして私が、このような社会学の入門書めいたものを書いたのか、自分でもちょっと不思議な気がしています。

私は大学生時代からずっと社会学専攻でしたし、もっと言えば高校生のときから社会学志望でしたので、そういう意味では不思議でも何でもありません。しかし、学生時代の私は、社会学という学問にそれほど魅力を感じることができませんでした。当時学んだ社会学は、理論先行で、「難しく」、だからなんなの、と言いたくなるようなものに、少なくとも当時の私には見えました。一方、教室の外で学ぶ現実の社会の動き、現実の社会的な活動のほうが、はるかにおもしろいし、はるかに学ぶことが多いと私は感じていました。気がつくと私は、そうした活動に深くかかわるようになっていました。

とはいえ、そうなってからも、調査や研究をやめたわけではありませんでした。というのも、かかわっていた社会的な活動の中で、さまざまな調査研究活動に従事することになったのです。その中には、当時熱心に取り組んでいた原発問題や、途上国との格差の問題などがありました。その当時の私に「社会学」という意識はほとんどなく、実際、そのときどきで必要な方法を取り入れてやってきました。その多くは、いろいろな場所で話を聞くということでしたし、さまざまな資料をとことん集めて分析するということでした。そうした社会的活動や調査活動が、今でも私の礎になっています。

しかし、そうやって社会的な活動と調査研究を続けていく中で私は、社会学を再発見します。

あらためてまわりを見渡したとき、学ぶべき社会学的な研究がたくさん出てきていることに私は気がつきます。同時代的に増えてきたそうした仕事に、大きく刺激もされました。さらに、社会学を前面に出していなくても、あるいは、社会学者を名乗っていなくても、すぐれて社会学的でそれゆえに意義の大きい仕事がたくさんあることにも気がつきました。

加えて、社会的活動を続ける中でも、社会学的な認識方法がもっと必要であることを私は実感します。とくに、不確実さを相手にしなければならないとき、多様な価値を相手にしなければならないとき、社会学的な姿勢がもっと役に立つはずだと気づきます。では、そのときの「社会学的な姿勢」とは何なのか。それを考えて書いたのがこの本です。

こういう本を書こうと思い立ったのは今から四年ほど前。環境保全にかかわる研究を仲間たちと続ける中で、「合意形成の技法としての社会学」といったことを議論していたときに、本書の着想を得ました。そうだ、公共的な役割を担う社会学のあり方について本を書かなければ、という啓示を受けたのです。

かつて興味がわかなかったあの社会学ではなく、社会的に意義ある社会学のあり方とはどういうものか。真に社会的ないとなみとしての社会学とは、どういうものか。それを書かなければ、と考えました。

この本は、そうした意義深いいとなみを続けている社会学者たちが、実際にどういう思いで、どういう方法で「仕事」をしているのかを思い描きながら、書きました。それは同時に、私自身がどういう社会学的な認識をつちかってきたのかをふりかえる作業でもありました。

ですからこの本は、良質な社会学的ないとなみを地道につづけている人たちへのエールでもあります。地味かもしれないけど大切なことをつづけている社会学者が多いことを知ってほしい、社会学の現在地をもっと知ってほしい、という思いもこの本には込められています。

この本を読んで、もっと社会学的な思考法、社会学的な技法を学びたいと思った方は、社会学者や社会学的なマインドをもったジャーナリストなどが書いた「作品」を読むことをぜひおすすめしたいと思います。

それぞれの切実な問題を解決するために、また、少しでも社会を前に進めるために、みんなが社会学的な実践をする、その一助にこの本がなればと願います。

通常の仕事の合間を縫って、構想を練り、少しずつ書きためていく作業は、一進一退でした。出版が決まってから書いた本ではないため、原稿が日の目を見るのかどうかわからないままの執筆がつづきました。それは、遅々とした歩みでしたが、そうであるがゆえにかえって、私自身多くの学びと気づきのある、幸せな時間でした。

この本はぜひちくまプリマー新書から出したいと考えた私は、同新書で『「今、ここ」から考える社会学』などの大切な本を出している先輩の社会学者、好井裕明さんに仲介していただきました。九割がた書いた原稿を、筑摩書房新書編集部、藤岡美玲さんにお渡しし、読んだ藤岡さんが快く受け入れてくださったことで、出版が決まりました。そして、藤岡さんからのアドバイスを受けながら、原稿を完成させることができました。

この本の成立を支えてくださったすべてのみなさまに感謝します。

二〇二四年四月

宮内泰介

文献

本書で引用・参照したものに加え、本文ではとくに言及していないが、執筆にあたって参考にしたものを挙げています。

第1章

飯野由里子・星加良司・西倉実季『「社会」を扱う新たなモード――「障害の社会モデル」の使い方』生活書院、二〇二二年
アンソニー・ギデンズ『先進社会の階級構造』市川統洋訳、みすず書房、一九七七年
アンソニー・ギデンズ『社会学の新しい方法規準――理解社会学の共感的批判〔第二版〕』松尾精文・藤井達也・小幡正敏訳、而立書房、二〇〇〇年
榊原賢二郎編『障害社会学という視座――社会モデルから社会学的反省へ』新曜社、二〇一九年
盛山和夫『社会学とは何か――意味世界への探究』ミネルヴァ書房、二〇一一年
盛山和夫『社会学の方法的立場――客観性とはなにか』東京大学出版会、二〇一三年
筒井淳也『社会学――「非サイエンス」的な知の居場所』岩波書店、二〇二一年
エミール・デュルケム『社会分業論』田原音和訳、筑摩書房・ちくま学芸文庫、二〇一七年
エミール・デュルケム『社会学的方法の規準』菊谷和宏訳、講談社・講談社学術文庫、二〇一八年
エミール・デュルケム『自殺論』宮島喬訳、中央公論新社・中公文庫、二〇一八年

ピエール・ブルデュー『実践感覚』今村仁司・港道隆訳、みすず書房、一九八八・一九九〇年
吉田敬『社会科学の哲学入門』勁草書房、二〇二一年
Rittel, H. W. & Webber, M. M.（1973）Dilemmas in a general theory of planning. *Policy sciences*, 4（2）: 155–169.
Fuller, S.（2006）*The new sociological imagination*, Sage.

第2章

飯島伸子「わが国における健康破壊の実態」『社会学評論』第二六巻第三号一六～三五ページ、一九七六年
レイ・オルデンバーグ『サードプレイス――コミュニティの核になる「とびきり居心地のよい場所」』忠平美幸訳、みすず書房、二〇一三年
友澤悠季『「問い」としての公害――環境社会学者・飯島伸子の思索』勁草書房、二〇一四年
西倉実季『顔にあざのある女性たち――「問題経験の語り」の社会学』生活書院、二〇〇九年
松田雄馬『人工知能はなぜ椅子に座れないのか――情報化社会における「知」と「生命」』新潮社、二〇一八年
宮内泰介『歩く、見る、聞く　人びとの自然再生』岩波書店・岩波新書、二〇一七年
Holling, C. S. ed.（1978）*Adaptive environmental assessment and management*. John Wiley & Sons.

第3章

佐藤健二『社会調査史のリテラシー――方法を読む社会学的想像力』新曜社、二〇一一年
佐藤健二・山田一成編『社会調査論』八千代出版、二〇〇九年

ジグムント・バウマン『社会学の使い方』伊藤茂訳　青土社、二〇一六年
長谷川貴彦編『エゴ・ドキュメントの歴史学』岩波書店、二〇二〇年
槇原茂編『個人の語りがひらく歴史――ナラティヴ／エゴ・ドキュメント／シティズンシップ』ミネルヴァ書房、二〇一四年
松田素二『日常人類学宣言！――世界の深層へ／から』世界思想社、二〇〇九年
宮内泰介『開発と生活戦略の民族誌――ソロモン諸島アノケロ村の自然・移住・紛争』新曜社、二〇一一年
宮内泰介・金城達也「ライフヒストリーから見るイワシ産業の地域史――長崎県雲仙市南串山町の事例から」『地域漁業研究』第六一巻第一号一一〜二〇ページ、二〇二一年

第4章

マックス・ウェーバー『社会学の根本概念』清水幾太郎訳、岩波書店・岩波文庫、一九七二年
宮内泰介・上田昌文『実践　自分で調べる技術』岩波書店・岩波新書、二〇二〇年
米盛裕二『アブダクション――仮説と発見の論理』勁草書房、二〇〇七年
Tavory, I., & Timmermans, S. (2014) *Abductive analysis: Theorizing qualitative research*. University of Chicago Press.

第5章

井上真・宮内泰介編『コモンズの社会学――森・川・海の資源共同管理を考える』新曜社、二〇〇一年
クリフォード・ギアーツ『文化の解釈学』吉田禎吾・中牧弘允・柳川啓一・板橋作美訳、岩波書店、一九八七年

盛山和夫「説明と物語——社会調査は何をめざすべきか」『先端社会研究』第二号一～二五ページ、二〇〇五年
全米研究評議会編『コモンズのドラマ』知泉書館、二〇一二年
ジグムント・バウマン『リキッド・モダニティ——液状化する社会』森田典正訳、大月書店、二〇〇一年
エーリッヒ・フロム『自由からの逃走』日高六郎訳、東京創元社、一九五一年
アーリー・ラッセル・ホックシールド『管理される心——感情が商品になるとき』石川准・室伏亜希訳、世界思想社、二〇〇〇年
ロバート・キング・マートン『社会理論と機能分析』森東吾・森好夫・金沢実訳、青木書店、一九六九年
ロバート・キング・マートン『社会理論と社会構造』森東吾・森好夫・金沢実・中島竜太郎訳、みすず書房、一九六一年
Granovetter, M.（1973）The strength of weak ties. *American journal of sociology*, 78（6）: 1360–1380.（大岡栄美訳「弱い紐帯の強さ」、野沢慎司編『リーディングス　ネットワーク論』勁草書房、二〇〇六年に所収）
Granovetter, M.（1983）The strength of weak ties: A network theory revisited. *Sociological theory*, 1: 201–233.

第6章

ＯＥＣＤ（経済協力開発機構）『世界に学ぶミニ・パブリックス——くじ引きと熟議による民主主義のつくりかた』日本ミニ・パブリックス研究フォーラム訳、学芸出版社、二〇二三年
保苅実『ラディカル・オーラル・ヒストリー——オーストラリア先住民族アボリジニの歴史実践』御茶の水

書房、二〇〇四年（岩波書店・岩波現代文庫、二〇一八年）
三上直之『気候民主主義――次世代の政治の動かし方』岩波書店、二〇二二年
三木那由他『話し手の意味の心理性と公共性――コミュニケーションの哲学へ』勁草書房、二〇一九年
宮内泰介・三上直之編『シリーズ環境社会学　6　複雑な問題をどう解決すればよいのか――環境社会学の実践』新泉社、二〇二四年

ちくまプリマー新書

270
「今、ここ」から考える社会学
好井裕明
私たちがあたりまえと思って過ごしている日常を社会学を使って見つめ直してみよう。疑いの目を向けることで新しい世界の姿が浮かびあがってくる。

363
他者を感じる社会学
――差別から考える
好井裕明
他者を理解しつながろうとする中で、生じる摩擦熱のようなものが「差別」の正体だ。「いけない」と断じて終えるのでなく、その内実をつぶさに見つめてみよう。

359
社会を知るためには
筒井淳也
なぜ先行きが見えないのか？　複雑に絡み合う社会を理解するのは難しいため、様々なリスクをうけいれざるを得ない。その社会の特徴に向き合うための最初の一冊。

222
友だちは永遠じゃない
――社会学でつながりを考える
森真一
親子や友人、学校や会社など固定的な関係も「一時的協力理論」というフィルターを通すと、違った姿が見えてくる。そんな社会像やそこに見いだせる可能性を考える。

059
データはウソをつく
――科学的な社会調査の方法
谷岡一郎
正しい手順や方法が用いられないと、データは妖怪のように化けてしまうことがある。本書では、世にあふれる数字や情報の中から、本物を見分けるコツを伝授する。

ちくまプリマー新書

386
「日本」ってどんな国？
——国際比較データで社会が見えてくる
本田由紀
家族、ジェンダー、学校、友人、経済・仕事、政治・社会運動について世界各国のデータと比較し、日本がどんな国か考えてみよう。今までの「普通」が変わるかも⁉

169
「しがらみ」を科学する
——高校生からの社会心理学入門
山岸俊男
社会とは、私たちの心が作り出す「しがらみ」だ。「空気」を生む社会そのものの構造を解き明かし、自由に生きる道を考える。KYなんてこわくない！

418
「心のクセ」に気づくには
——社会心理学から考える
村山綾
私たちの心の動きはある型にはまりやすい。しかも、その傾向にはメリットとデメリットが存在する。不安やいざこざを減らすために、心の特徴を学ぼう。

372
問う方法・考える方法
——「探究型の学習」のために
河野哲也
私たちは人生の中で出会う様々な課題を、見つけ、調べて、解決することが求められる時代に生きている。新学習指導要領の重要キーワード「探究」のためのテキスト。

427
客観性の落とし穴
村上靖彦
「その意見って、客観的なものですか」。数値化が当たり前になった今、こうした考え方が世にはびこっている。その原因を探り、失われたものを明らかにする。

chikuma primer shinsho

ちくまプリマー新書 460

社会学《しゃかいがく》をはじめる　複雑《ふくざつ》さを生《い》きる技法《ぎほう》

二〇二四年六月十日　初版第一刷発行

著者　宮内泰介（みやうち・たいすけ）

装幀　クラフト・エヴィング商會

発行者　喜入冬子

発行所　株式会社筑摩書房
東京都台東区蔵前二‐五‐三　〒一一一‐八七五五
電話番号　〇三‐五六八七‐二六〇一（代表）

印刷・製本　株式会社精興社

ISBN978-4-480-68486-8 C0236　Printed in Japan